Algumas ideias para um(a) presidente(a) da república

Ideias simples para o tratamento de problemas complexos

Diego Brito

Algumas ideias para um(a) presidente(a) da república

Ficha catalográfica

S862a Brito, Diego, 1982 -
  Algumas ideias para um (a) presidente (a) da República

/ Diego Brito. – Belo Horizonte: Clube dos Autores, 2012.
   128p.

      ISBN13: 9781097639489
      1. Administração Pública - 2. Políticas Públicas

   I. Título

                                                    CDD: 350
                                                    CDU: 35

Diego Brito

Sumário

Introdução..6

Algumas ideias gerais para políticas públicas....................................15

Algumas ideias para o combate a fome 22

Algumas ideias acerca de doações e reutilização 46

Algumas ideias sobre um sistema de mapeamento das área de

riscos...55

Algumas ideias para o(s) sistema(s) público(s) de saúde..............60

Algumas ideias sobre um plano de cargos e salários unificado........81

Algumas ideias acerca de um cadastro único de vagas

emprego/profissionais 88

Algumas ideias sobre transporte e trânsito 95

Algumas ideias sobre um manual acerca das

instituições\programas..103

Algumas ideias acerca de um banco de dados cidadão 105

Algumas ideias para o sistema educacional 109

Algumas ideias acerca de problemas que acometem o continente

africano 127

Algumas palavras finais 135

Dedicatória

"Este livro é dedicado a todos aqueles que não deixaram de acreditar nas possibilidades reais de solucionar problemas sociais complexos e que, em conjunto com suas crenças, fizeram algo de concreto para tentarem materializar seus ideais. E também ao meu pai, o sr.Brito, que pacientemente me ouviu e ajudou-me a lapidar essas ideias"

Diego Brito

Introdução

"Podemos até dizer que não queremos, podemos até dizer que não faremos, só não é possível dizer que não podemos."

Na verdade uma parte do que será dito neste livro pode não ser novidade para muitos. Em alguns casos atuo aqui mais como um militante em favor da implantação de uma ou outra medida, que necessariamente como autor, no sentido de criação. Como o próprio nome já diz são apenas ideias, que podem ser modificadas e aperfeiçoadas conforme a necessidade prática de cada realidade. Verão que trato de áreas bem distintas, o que fica fácil concluir que não sou especialista em nenhuma das áreas que abordo. Minha visão é mais generalista e menos especialista. No entanto compreendo a importância dos especialistas, e penso que talvez essas ideias possam ajudar-lhes a ter alguns insights que os levem a aperfeiçoá-las e á confeccionar projetos mais bem elaborados e fundamentados. Infelizmente não posso dizer quais foram as primeiras pessoas a terem uma determinada ideia e á divulgá-la sobre um determinado assunto. Assim poderia dizer que pessoa X disse isso em tal data. Portanto o sr.X seria o verdadeiro "dono" da ideia. Mas pelo menos por enquanto as ideias continuam a ser um bem público que não pode ser monopolizado, conforme se encontra no site da Biblioteca Nacional:

"É fundamental precisar que o Direito Autoral não protege as ideias de forma isolada, mas sim e tão-somente a forma de expressão da obra intelectual; isto que dizer: a forma de um trabalho literário ou científico é o texto escrito; da obra oral, a palavra; da obra musical, o som; e da obra de arte figurativa, o desenho, a cor e o volume, etc. Neste sentido, preleciona Hermano Duval: "Nessa base, a mais rudimentar análise desde logo revela que em qualquer obra literária, artística ou científica coexistem dois elementos fundamentais à sua integração, a ideia e a forma de expressão. Assim, se duas obras, sob formas de expressão diversas, contêm a mesma ideia, segue-se que nenhuma poderá ser havida como plágio da outra. Tão-somente porque a forma de expressão é diversa? Não. Mas porque a ideia é comum, pertencendo a todos, não pertence exclusivamente aos autores das obras em conflito. Com efeito, as ideias pertencem ao patrimônio comum da humanidade. Já *se pensou em que insuportável Idade Média estaríamos mergulhados, se ao homem fosse dado ter o monopólio das ideias? A livre circulação das ideias é, portanto, um imperativo do progresso da humanidade, o que não precisa ser demonstrado.*"(2012, FBN)

Por outro lado, acredito, que no texto devam conter algumas sugestões novas a se somarem com as já conhecidas. Ou a sugestão de uma ligeira alteração numa proposta inicial que, em alguns casos, já foram implantadas e funcionam bem. Como é o caso dos restaurantes populares. É fácil perceber que já temos muitas boas ideias a serem analisadas e transformadas em projetos viáveis que poderiam solucionar ou amenizar consideravelmente um determinado problema. Na verdade, mais do que as ideias, em alguns casos, já temos os projetos. Então o que nos falta? A resposta é simples, implementação. Tenho plena consciência de que as etapas que envolvem a implantação de um projeto de dimensões maiores não são nada simples. Por mais que, em algum momento, venhamos a ter governantes interessados nesses projetos. Uma vez que ao visarem ascender na carreira política, o alcance das soluções de alguns problemas sociais lhes é de grande proveito. Pois qualquer político que se empenhe e consiga solucionar estes e outros problemas coletivos será premiado com os votos. É verdade que algumas dessas ideias podem, a princípio, parecer não serem factíveis. Principalmente porque a implantação de fato é trabalhosa e podem envolver interesses particulares de alguns grupos. No entanto muitas outras ideias na história da humanidade a principio não pareciam ser factíveis, mas com o passar do tempo provaram que o eram. A teoria da relatividade de Albert Einstein é uma delas. Portanto não podemos nos deixar orientar pelos céticos.

A metodologia que utilizei é bem simples, consiste em leituras acumuladas sobre conteúdos diversos ao longo da vida, leituras específicas (principalmente entrevistas de especialistas, reportagens e artigos), acompanhamento de notícias pelos telejornais, pesquisa em campo e observações, profunda análise e reflexão acerca dos problemas, leituras de livros e diálogos com pessoas diversas. No momento em que sistematizava essas ideias recorri menos a livros sobre conteúdos específicos, porque despenderia muito mais tempo e energia. O que também poderia prejudicar no meu processo de reflexão e "inovação", pois tenderia a refletir mais sobre o que os autores dizem que necessariamente acerca dos problemas concretos e suas possíveis soluções. Certamente, de posse de outras condições, poderia realizar um trabalho infinitamente melhor. Elaborar pesquisas muito mais bem fundamentadas e, ao invés de puramente apresentar ideias, construir projetos bem mais consistentes. Mas o fato é que não recebi nenhum o incentivo de nenhuma instituição. Todas as despesas com o projeto foram custeadas por mim e, no momento, não gozo de muitos recursos. Também não pude me dedicar exclusivamente ao projeto porque (nestes momentos) precisava ainda trabalhar e estudar. Não fui apoiado por uma equipe ou qualquer auxiliar. Além de ter sido obrigado a deixar de fazer outras coisas, ou fazê-las com menor qualidade, para me dedicar ao desenvolvimento do livro. No entanto venho trabalhando em sua concepção há algum tempo. Na verdade há anos venho refletindo e estudando sobre esses e outros problemas sociais.

Algumas ideias para um(a) presidente(a) da república

Tentei ser o mais sucinto e objetivo possível ao abordar diretamente as soluções sem me ater ao detalhamento dos problemas. Assim evitei trazer dados e mais dados. A razão para isto é muito simples e se resume em três motivos principais. O primeiro é que existem centenas ou milhares de materiais que já tratam dos problemas referentes a estes assuntos, sejam publicados na internet e\ou em forma de livros impressos. Assim, ao invés de me ater a dados acerca dos problemas, optei por focar nas soluções. O segundo fator é que não queria que os leitores se entretecessem com os problemas, mas que voltassem sua atenção principalmente para as soluções. Saber que elas existem e que podem sim ser implantadas. O terceiro motivo é que procurei escrever da forma mais simples possível, de modo que o maior número de pessoas possa compreender. Também sintetizei ao máximo as propostas com o objetivo claro de não afugentar o leitor. Ou seja, não queria escrever uma "Bíblia" das políticas públicas. Uma vez que o livro, apesar do título, não foi escrito exclusivamente para governantes e técnicos, e sim para o público em geral. Fiz isso por acreditar que somos, ou que ao menos deveríamos ser, co-responsáveis pelos problemas coletivos que acometem a todos. Bem como pelas suas soluções. E que não apenas os governantes eleitos têm o papel de refletirem sobre eles, mas todos nós. Afinal, o papel dos governantes é o de nos representar, mas cabe a nós, o povo, lhes dizer como queremos ser representados.

As eleições não deveriam ser o único momento que nos possibilitasse o exercício da expressão. Pode ser que em muitas das ideias propostas abaixo eu esteja equivocado e que existam razões que desconheço para refutá-las. Mas também pode ser que ao menos algumas delas possam ser úteis no aperfeiçoamento das estruturas de um país. Uma vez que podem ser implementadas em qualquer país que se enquadre. Não necessariamente apenas no Brasil. Notemos que procuro tratar sobre temas bem variados e que, aos olhos dos especialistas, podem conter uma ou outra inconsistência. Mas, acredito, podem ser corrigidas. Também é importante notar que conforme a orientação ideológica de um ou outro governante este pode refutar ou apoiar uma determinada ideia. Uma vez que, quando elaborei este texto, não parti do princípio de que uma ou outra sugestão poderia ser compatível ou não com os ideais de militantes da esquerda ou da direita. Apenas tentei sugeri meios práticos e concretos de se solucionar determinados problemas. Obviamente essas ideias só podem ter alguma receptividade entre aqueles que desejam solucionar os problemas tratados, do contrário é perda de tempo. Muito provavelmente elas não são as melhores e soluções muito mais bem elaboradas poderiam ser encontradas pelo conjunto da população. Não sou nenhum gênio, apenas resolvi (com as ferramentas de que disponho) sistematizar algumas ideias que julguei serem úteis para a população e colocá-las num livro. Também, de modo algum, venho aqui para dizer que governo A ou B foi ou é ineficiente. E que nada fizeram ou fazem de bom. Nada disso. Tenho ciência que apesar da existência dos problemas aqui tratados, existem sim esforços significativos por parte dos administradores públicos no Brasil e em outros países em direção ao tratamento desses problemas. Trata-se de um fato irrefutável. Talvez esses esforços não sejam o suficiente devido, sobretudo, à magnitude dos problemas que se

12

propõem a enfrentar. Ou talvez, por mais que desejem, não disponham das ferramentas necessárias para saná-los. Não acredito que um governante, de modo geral, não queira governar bem. Não é, de modo algum, o propósito deste livro julgar a um ou a outro governante e\ou governo. Longe disso. O objetivo é propor soluções. Apenas este. Tenho certeza que muitos podem propor soluções bem melhores do que as que aqui se encontram. Se de fato as conhece, estimulo-o(a) a compartilhá-las conosco.

Algumas ideias gerais para políticas públicas

Neste sucinto tópico intento expor algumas ideias gerais, que podem trazer alguma inovação ou não, acerca de possíveis políticas públicas a serem implementadas. Como disse, trata-se apenas de ideias sucintas que podem vir a inspirar ou complementar no desenvolvimento de soluções práticas para problemas reais que hoje afetam a sociedade brasileira e outras. E que, no meu ver, podem vir a ajudar a reduzir parte do sofrimento que hoje acometem a nós, o povo. Tenho ciência do empenho da gestão petista e de outras siglas no enfrentamento desses problemas, bem como dos resultados práticos alcançados. Acontece que pelo fato do Brasil possuir dimensões continentais bem como uma história de gestão da coisa pública tal como a nossa, que remete aos primórdios da colonização, as soluções factuais e definitivas destes problemas seculares não são nada simples. Também tenho consciência que o Brasil e outras nações em desenvolvimento vêm conseguindo obter grandes avanços nos últimos tempos. Mas como disse, devido às dimensões dos problemas, toda contribuição social tende a ser bem vinda, pelo menos assim entendo. E no fim, somos nós o povo que temos em nosso cotidiano, de conviver com tais problemas. Antes de retomar minha linha de explanação inicial farei uma breve consideração a respeito do pré-projeto, A-FOME, que será tratado num tópico exclusivo em seguida. Na verdade trata-se apenas de dar capilaridade a uma iniciativa já bem sucedida no que tange ao combate a fome, uma vez que os custos e o esforços para se chegar a um restaurante localizado numa região central inviabiliza o acesso ao recurso por parte de quem necessita. Quero deixar claro que tenho ciência dos grandes avanços que a gestão petista e outras siglas obtiveram neste sentido e, de modo algum, quero tirar o brilhantismo dos governos passados e atual com a proposta desta medida. Mas o fato é que a fome no Brasil ainda persiste e tal medida ainda é necessária. Talvez o ideal da missão desta iniciativa seja como a do Greenpeace, "deixar de existir".

Existem hoje no Brasil milhares de crianças na fila de adoção, mas apenas uma pequena parte delas atingem os "pré-requisitos" de quem deseja adotar uma criança, como idade e cor da pele. Poderia-se pensar em dar uma bolsa mensal de, por exemplo, cerca de R$ 1.000,00 para às famílias que adotarem essas crianças até que elas atinjam a maioridade, além de garantir uma vaga num curso de nível técnico ou superior em uma instituição credenciada, independente de mérito, para que elas se profissionalizem e busquem sua independência financeira. Se existirem cerca de 30.000 crianças nesta condição no Brasil, então o custo mensal para o estado seria de R$ 30.000.000,00. Talvez menos do que gasta atualmente com abrigos e adjacentes. Acredito que não faltarão interessados se fizerem a devida divulgação.

Ainda hoje é possível ver muitas pessoas vivendo nas ruas que chegam até lá por motivos diversos. Vício em álcool e drogas, problemas financeiros, mentais, migração interna, adolescentes que brigam com suas famílias, etc. Alguns até resistem em sair das ruas quando um abrigo lhes é oferecido porque já se habituaram a viver lá. Logo trata-se de um problema que vai além da falta de moradia em si, mas que também refere-se a falta de moradia. A ideia consiste em fornecer para essas pessoas, em caráter temporário para fins de reabilitação, uma moradia específica. O propósito é o de se reabilitarem para a vida em sociedade e se reestruturarem. Esta moradia poderia ser um apartamento com apenas dois cômodos e um banheiro, com alguns móveis feitos de tijolinhos de barro (comum em sítios) como cama, armários e guarda-roupa, além de conter outros equipamentos complementares. Ficariam por lá por tempo determinado, conforme cada caso e avaliação. Receberiam tratamento médico, social e psicológico para fins de reabilitação. Recentemente uma universidade brasileira fez uma pesquisa acerca dos prédios e outros imóveis particulares e do estado, que estão desocupados e inativos (não me refiro aos em comercialização). Os motivos são diversos como irregularidade na obra, irregularidade com os impostos, falta de finalidade para uso, etc. Os resultados foram que existem muitos imóveis simplesmente parados e que poderiam ser utilizados, mas que por razões específicas não o são. Poderiam ser aproveitados neste projeto. Porque deixar essas pessoas lá?

O sistema prisional brasileiro é um caos, uma verdadeira fábrica de desumanidade. Sendo que a função principal do sistema prisional seria a reabilitação e não a punição. Pessoas que cometeram crimes diferentes são tratadas da mesma maneira e colocadas num mesmo espaço, um erro brutal. Pois na verdade deveriam despender um tratamento individualizado e específico para cada delito cometido. Uma vez que, se não se investir em reabilitação e somente em punição, o sujeito tenderá a cometer outros crimes quando de volta a sociedade. Sei que existem bons exemplos também. Em Minas, por exemplo, parece que esta medida vem se tornando realidade em alguns locais. Também sei que recentemente o governo federal autorizou uma verba significativa para se reformar o sistema prisional, mas é preciso que seja aplicada com inteligência e eficácia. Devia-se, por exemplo, dar um intensivo tratamento aos detentos que são viciados em álcool e drogas. Uma vez que também são causas que os levam a adentrar no mundo da criminalidade. Prevenindo-se com isso possíveis reincidências. São cerca de 500.000 detentos sendo tratados como animais no Brasil. O estado não pode ser mais bárbaro do que aqueles que cometeram as barbáries. No Brasil e no mundo existem modelos de prisões que dispensam um tratamento mais humano aos detentos e conseguem atingir com mais eficácia os objetivos da reabilitação. Bastava adotá-los como padrão.

É comum na realidade de quem executa um trabalho braçal, que requer grande dispêndio de energia, executá-lo de maneira ininterrupta por um período prolongado de tempo. Na linha de produção de uma indústria automobilística, por exemplo, o operário, em geral, não pode parar, não raro, para ir ao banheiro. Além da parada do almoço é comum se fazer apenas uma parada num intervalo de 15 minutos para tomar café. Como passam boa parte do tempo sem se alimentarem, ao chegar momento do almoço comem muito de uma só vez, outro erro do ponto de vista nutricional. Como gastam muita energia deveriam repô-la de alguma maneira através, por exemplo, de uma solução energética como os atletas profissionais fazem. Acho ser possível, mesmo para o contexto, uma vez que pode ajudar na produtividade. O ideal é que trabalhassem no máximo 6 horas diárias e\ou que a cada duas horas fizessem uma parada de 15 minutos, mas essa realidade está distante. As horas-extras deveriam ser evitadas. Mas, como disse, trata-se de um ideal, uma vez que o sistema não funciona assim (no Brasil e no mundo). Mas a introdução da solução energética me parece ser possível, mesmo neste sistema. Lembro-me que o Lula estava apoiando a construção de carrinhos automatizados para os catadores de papéis. Penso ser uma excelente iniciativa, mas pelo menos aqui em Belo Horizonte, no momento em que escrevo este livro, isso ainda não aconteceu.

São ideias sucintas, que já foram ditas ou não, que remetem a iniciativas simples que podem trazer grandes benefícios para a população. Obviamente devem ser transformadas em projetos mais bem elaborados e consistentes, mas somente os testes práticos poderão dizer se são eficazes ou não. Espero que sejam úteis.

Diego Brito

Algumas ideias para o combate a fome

1 - Introdução e justificativa

É fato que milhões de pessoas no Brasil e no mundo ainda não têm acesso a condições dignas de vida, chegando ao extremo de não terem o que comer. Nem o mínimo suficiente para a manutenção do funcionamento de seus organismos. Dentre estas pessoas muitas trabalham duro, inclusive executando tarefas pesadas do ponto de vista físico. E; mesmo assim, não recebem o suficiente para no mínimo efetuarem uma adequada reposição energética em decorrência das atividades executadas. Logo, um direito humano universal vem sendo historicamente negado, o do acesso a alimentação básica. E, quando este direito universal e vital é negado, outros consequentemente são tolhidos. Direitos como o acesso à saúde, a educação, ao lazer, o direito de reivindicar os próprios direitos e até o direito a vida.

Porque se de um lado no Brasil ocorreram melhoras significativas em muitos aspectos na qualidade de vida dos cidadãos, do outro ainda á muito a se melhorar.

Programas sociais como o Bolsa Família e, agora, o Brasil Carinhoso, representaram e representam um grande avanço no sentido de melhora na assistência do estado às pessoas necessitadas. No entanto, devido às dimensões das demandas de parte da população brasileira, estes programas ainda são insuficientes para o atendimento integral dessas pessoas. No mundo político; às vezes, necessariamente, as palavras devem se diferenciar um pouco dos fatos, para até mesmo trazer esperança e incutir o otimismo na mente das pessoas. Sem os sonhos, talvez, os projetos não pudessem ser construídos. Mas se olharmos para o mundo, bem como para pesquisas como as divulgadas recentemente pelo Ipea que diz que 58% dos brasileiros vivem com menos de R$ 465,00 por mês. Ou como as divulgadas pela FAO e o PMA que dizem, segundo as palavras de Lauren Landis, diretora de um escritório do PMA que, "Uma em cada sete pessoas no mundo vai dormir com fome, a maioria delas mulheres e crianças". Ou mesmo as recentes notícias sobre a situação dos africanos. Percebemos então que todas as iniciativas que visam atacar este problema, pelo menos teoricamente, teriam que ser bem vindas. Sobretudo, para àqueles que estão gerindo os instrumentos do estado. Um texto no site da fundação Gates & Melinda diz que o problema maior da fome não está na produção de alimentos e sim no acesso. Concordo plenamente com esta afirmação. Se voltarmos nossas lentes para a maior economia do mundo, vemos que um alto PIB não basta para se combater à pobreza e, mais especificamente, a fome. Se assim fosse, nos E.U.A não haveriam pobres. Surge inclusive a indagação, sobre qual tamanho do PIB seria necessário para um país eliminar de fato a pobreza e a fome no modelo econômico atual.

Sabemos que o Brasil é um grande produtor de alimentos, possui milhares de hectares de terras improdutivas e férteis, suas fronteiras comportam um vastíssimo território. E, em contradição, devido à má distribuição das terras, um grupo de pessoas se organizou para reivindicá-las. Mesmo com este quadro natural favorável ainda cultiva milhões de famintos, apesar das importantíssimas medidas atenuantes adotadas, principalmente, no governo Lula. Sabemos que a realidade não é tão diferente em outros países da

América Latina. O Capitalismo soube produzir os bens materiais, mas não soube distribuí-los de modo adequado. Portanto vêm falhando de maneira contundente no atendimento daqueles que não conseguiram sair da base da pirâmide. Em muitos casos negando-lhes o direito a alimentação. Não estamos falando aqui em moradias dignas, roupas em bom estado de conservação, condições de trabalho favoráveis, transporte individual, etc. Tratamos aqui do direito de permanecer vivo, de continuar a respirar diante do insucesso pessoal ou por atravessar um momento de crise. O ideal seria que todos dispusessem das condições mínimas de preparar o próprio alimento em suas casas, mas na realidade concreta nem sempre isso acontece. E talvez isto seja mais comum do que parece ou aparece. O resultado desta deficiência alimentar que acomete milhões de pessoas no país e no mundo pode ser vista diretamente nos corpos das pessoas. Para isso basta circularmos um pouco pelos grandes centros ou bairros pobres que a todo o momento vamos nos deparar com a anatomia da fome ou da insuficiência alimentar. As palavras podem elaborar discursos e justificativas, mas não podem esconder os fatos. A fome ainda está aí presente no mundo e nos corpos de muitos brasileiros. Programas sociais como o bolsa família são, como já disse, excelentes no quesito transferência de renda e combate as desigualdades sociais. Pois consistem num modo direto de ajudar a milhares de famílias necessitadas. O dinheiro tem um caráter emancipatório no sentido em que as pessoas podem fazer àquilo que bem entender com ele, de acordo com suas necessidades. Mas acontece que a ajuda ainda é insuficiente e não garante que as pessoas venham a fazer ao menos uma boa refeição diária. Por diversas razões que vão desde a insuficiência da renda para aquisição e preparo dos alimentos a questões culturais.

E, como disse, não existe nenhuma prova mais confiável acerca da precariedade da alimentação das pessoas que sua própria anatomia. Não é preciso nem dizer que a fome causa um grande prejuízo aos países, porque além de ampliar a utilização do sistema de saúde pública e contribuir para o aumento da violência e da instabilidade social, também faz com que as pessoas tornem-se improdutivas no trabalho e no estudo. Uma grande contradição, porque bilhões são investidos no sistemas educacionais todos os anos com a meta de se fazer com que as pessoas aprendam algo. E, parte do problema de aprendizado e evasão escolar nas regiões mais carentes deve-se a indisposição causada pela fome.

Se pensarmos no mundo do trabalho, o prejuízo é gigantesco. Pois qual o valor de um trabalhador braçal para o mercado, se este não gozar de boa saúde?   Mas até que esta; que aqui vou chamar de *"emancipação alimentar",* ocorra, os estados têm o dever, assim entendo, de fornecer diretamente uma alimentação adequada para seus habitantes menos privilegiados. No sentido literal da palavra, de cozinhar para parte da população necessitada. Uma vez que esta não dispõe dos meios necessários para o exercício desta atividade. No momento atravessamos um período de crise econômica, ambiental, política e vêm-se notando mudanças por parte das pessoas no que se refere às contradições sociais existentes no planeta. Basta ver o movimento "Ocupem Wall Street". Para muitos a crise econômica já existia bem antes da crise mundial que afetou o globo, crise individual que chega ao nível da alimentação. Para se solucionar definitivamente ou ao menos amenizar significativamente, propõem-se a expansão dos restaurantes populares. Programa já bem sucedido existente em muitos lugares do país. Na verdade esta proposta trata de uma sugestão para a ampliação desses já bem sucedidos restaurantes. Efetuando-se ligeiras modificações estruturais na distribuição e captação de recursos.

2 – Objetivo

A ideia consiste no desenvolvimento de um projeto que vise propor para os órgãos governamentais competentes, em conjunto com a sociedade civil, a implantação de restaurantes populares, refeitórios e; em alguns casos específicos, a entrega em casa das refeições. Nas cidades, bairros e comunidades carentes de todo o estado brasileiro. Bem como em outros países que desejarem implementar. A proposta contida nesta ideia é a de estruturação de um sistema de produção e distribuição das refeições de maneira que possibilite atingir sistematicamente todas as pessoas que, por alguma razão, estão impossibilitadas de ter acesso à alimentação básica. Grosso modo, o sistema constituiria em restaurantes, refeitórios e um serviço de distribuição das refeições. O objetivo principal é fazer com que a camada mais carente da população tenha acesso efetivo, da maneira mais fácil possível, à no mínimo uma refeição diária. Uma vez que o acesso a alimentação constitui um direito básico dos seres humanos e que vem sendo tristemente negado. A maior parte das pessoas a serem atendidas por este programa encontra-se em situação de extrema fragilidade física, social e psíquica. E; portanto, precisam ser atendidas na maior urgência possível para a manutenção da saúde e da própria vida.

Muitas dessas pessoas não têm as condições físicas e psicológicas mínimas necessárias para nem mesmo chegarem num restaurante no bairro onde moram, quanto mais em local distante. Digo físicas e psicológicas porque ainda que as condições físicas lhe sejam favoráveis, em alguns casos, suas condições psicológicas não oferecem a disposição mínima necessária nem mesmo para irem a um restaurante situado no bairro onde reside em decorrência das aviltantes condições de vida que estão inseridas.

Sabemos que o ato de cozinhar requer mais do que simplesmente ter o alimento disponível, precisa-se de, entre outras coisas, saber preparar os alimentos e das condições de higiene necessárias. Como também de utensílios, fogão e gás, tempo disponível, alguns conhecimentos, habilidade e disposição, armários, geladeira e eletricidade para armazenar os alimentos, além dos ingredientes é claro. Daí a importância e, diria vital, da necessidade de facilitar ao máximo o acesso à alimentação. Como já disse está iniciativa não é nova, mesmo porque alguns restaurantes já existem em bairros de periferia no estado brasileiro. O que proponho é apenas a ampliação.

3 – Funcionamento

Traçar ou delinear um plano concreto (que é o único que nos interessa) do funcionamento integral dos restaurantes, refeitórios e serviços de distribuição, consiste em trabalho de médio á longo prazo devido a muitos fatores. Entre eles o tamanho do país, suas múltiplas realidades geográficas, sociais, políticas e econômicas. E, obviamente, as dimensões do projeto. Uma vez que ele visa abarcar um contingente gigantesco de pessoas. Sendo assim, obviamente, seria necessário se fazer projetos pilotos em algumas cidades para se testar e aprender com a implantação destes. Como já disse não se trata de uma iniciativa nova, o que facilita bastante. Pois podemos fazer uso das experiências já acumuladas. Peguemos, apenas a título de exemplo, a Favela da Rocinha. Precisar-se-ia, grosso modo, de um projeto específico para o atendimento daquela população, de maneira que viabilizasse a chegada das refeições para cada morador necessitado. Logo, mais de um restaurante e refeitório, além dos postos e\ou veículos de distribuição, teriam que ser implantados para atender a demanda.

Daí a necessidade de estudos consistentes acerca de cada realidade que o programa visa atender, pois como já foi dito, existem grandes variações de uma região para outra. Aqui faço apenas um esboço daquilo que pode ser. Mas o mais importante não é ater a maneira como o projeto seria desenvolvido e executado, e sim aos seus objetivos finais. Inicialmente pensei em restaurantes maiores localizados no centro dos municípios e dos bairros mais significativos que compõem esses municípios. As refeições poderiam ser disponibilizadas em suas próprias dependências através de marmitex, nos pratos ou bandejas. Particularmente não gosto de bandejas por dar a impressão de coletivização. Já nos demais bairros, refeitórios ou restaurantes menores eles podem ou não preparar as próprias refeições. Vai depender de cada caso. Os que não prepararem receberiam as refeições das unidades maiores. Além da existência dos restaurantes e refeitórios que disponibilizariam as refeições em suas próprias dependências, se poderia adotar o marmitex. Também julgo necessário criar um serviço de entrega das refeições diretamente na casa de alguns usuários, devidamente cadastrados, e que se enquadram na categoria específica das pessoas habilitadas a utilizarem deste serviço. Entre elas estão os idosos, deficientes físicos, casos específicos de doentes, situação de pobreza extrema, etc. Vejamos abaixo algumas definições:

Restaurantes: Unidades maiores nos quesitos espaço e capacidade de produção dos alimentos, localizados nos centros e bairros mais significativos de cada município.

Refeitórios: Unidades menores nos quesitos espaço e preparação dos alimentos. Sendo que, em alguns casos, a função dos refeitórios se limitaria à apenas receber as refeições já prontas das unidades maiores para distribuí-las em seguida e/ou ser consumida no local. Ou seja, serviria apenas; em alguns casos, como ponto de distribuição e refeição.

Distribuição: Como já foi dito um dos canais de distribuição, além dos restaurantes e refeitórios, teria como objetivo levar até a residência das pessoas necessitadas e, devidamente cadastradas, as refeições. Para isso diferentes soluções logísticas poderiam e deveriam ser estudadas e implantadas. Mas basicamente este processo resume-se em duas tarefas principais, produzir o alimento e entregá-lo. Os correios, apesar das diferenças, consiste num bom exemplo de empresa que consegue efetuar uma distribuição eficaz das correspondências (entre outras coisas) nas residências das pessoas.

Tenho razões práticas para acreditar que o modelo sucintamente proposto acima é eficaz para atender a curto e médio prazo uma grande parcela da população carente, que ainda não está sendo atendida no preenchimento de suas necessidades alimentares básicas. Certamente trata-se apenas de um sucinto esboço para o desenvolvimento de um projeto mais abrangente, que no meu ver, pode e deve ser elaborado. Se for desenvolvido e executado, mantendo-se a fidelidade do propósito, certamente o problema da fome no Brasil, e quem sabe em outras partes do mundo, será concretamente solucionado ou consideravelmente amenizado.

4 – Algumas considerações práticas

Um projeto desta magnitude envolve uma gama enorme de fatores e questões práticas das mais diversas. E, portanto, abordá-las de modo mais abrangente certamente requer a elaboração de estudos mais detalhados, além de intensa análise e reflexão dos casos específicos e gerais. No momento não disponho dos instrumentos necessários para isso e, sendo assim, farei um esforço para tentar levantar algumas destas questões e problematizá-las. A pergunta que norteará está reflexão é: Do que precisamos do ponto de vista estrutural e funcional? Então vamos lá:

4.1 - Os alimentos: Utilizei a palavra alimentos, no entanto poderia ter utilizado a palavra ingredientes, para me referir ao conjunto dos produtos necessários ou a matéria-prima necessária para a produção das refeições. O fornecimento dos alimentos pode ser proveniente basicamente de duas fontes, a aquisição no mercado ou a produção própria. Devido à grande demanda e sua periodicidade, a princípio me pareceu ser vantajoso que parte destes alimentos fossem produzidos pelo estado ou com a sua participação, priorizando a agricultura familiar. É verdade que de acordo com as regras do liberalismo econômico tal atitude pode ser considerada como uma intervenção do estado na economia. Mas na prática vemos isso acontecer a todo instante, sobretudo depois da crise mundial. Além do mais o estado está sempre intervindo na economia, uma vez que ele se posiciona como fornecedor (saúde, educação, assistência social, energia, etc.), comprador de bens e serviços e empregador. Logo, o posicionamento do estado, é concretamente de agente que está sempre interferindo na economia. A regulação maior, assim entendo, está na intensidade e no modo como o estado interfere na economia. Sendo assim não vejo razões para que se desabone o subsídio para produção dos alimentos voltados para o programa. E, desta maneira, encurtar a distância e os custos entre a produção e a utilização dos alimentos. Tal medida, acredito, diminuiria drasticamente o custo da aquisição dos alimentos, uma vez que não teria (ou teria menos) atravessadores e os inevitáveis superfaturamentos. Além do mais, com tal atitude, poder-se-ia beneficiar os trabalhadores sem-terra e os pequenos agricultores, garantindo-lhes a compra da produção. Como haverá uma grande e permanente demanda pelos alimentos neste projeto o resultado da sua produção sempre será consumido. Como disse, os estados poderiam manter suas próprias plantações.

4.2 - Os utensílios: Inicialmente haveria uma grande demanda de utensílios (panelas, talheres, copos, pratos, etc.). É interessante avaliar se é mais vantajoso para o estado montar rapidamente fábricas próprias temporárias para suprir a demanda inicial ou se seria melhor adquirir esses materiais no mercado. Pois uma possibilidade seria montar, em caráter temporário, algumas fábricas. O que poderia diminuir drasticamente o custo para o acesso aos utensílios. E, depois de suprida a grande demanda inicial, se passaria a adquirir no mercado os materiais para reposição. Até mesmo para se incentivar a indústria nacional. Mas isso deve ser encarado apenas como uma possibilidade, e os cálculos é que apontarão qual o melhor caminho a seguir. O mesmo vale para outros objetos. É importante ressaltar que o estado apenas produziria temporariamente alguns bens com o objetivo de suprir a demanda inicial e não para comercialização no mercado.

4.3 – Veículos: Comprá-los-ia diretamente de alguma montadora ou terceirizaria o serviço de entrega. Ou ambos.

4.4 – Restaurantes (espaço físico): Teriam que ser construídos. Existe a possibilidade da compra ou o aluguel de galpões já prontos sendo utilizados por comércios e, em muitos casos, inativos.

4.5 – Refeitórios: Em geral poderiam ser em casas já prontas, bastando apenas adquiri-las ou alugá-las. Do contrário poderiam ser construídas. Pois nos bairros de periferia é comum se encontrar lotes vagos.

4.6 – Trabalhadores: Terceirizados, contratados, efetivados, voluntários, etc.

4.7 – Recursos: Para agilizar e garantir a sustentabilidade do projeto a união, no meu ver, deveria assumir a responsabilidade do projeto. No entanto, muitos meios de captação de recursos podem ser utilizados para viabilizar a implantação e manutenção do projeto. Vejamos:

4.7.1 - Recursos do estado: O estado possui inúmeros mecanismos para a captação de recursos, dentre eles a criação de impostos específicos como fez com a CPMF. Além de verbas já destinadas para fins de assistência social. Pode-se pensar num deslocamento de recursos de programas sociais vigentes de impacto menor e que já visam atender a esta demanda ou disponibilizar outros recursos. Com o Pré-sal parece que os cofres públicos irão receber um montante grande de recursos, parte deles poderiam ser destinados ao projeto. É importante deixar claro a necessidade vital das parcerias entre os governos federal, estaduais e municipais para sua viabilidade. Também é preciso salientar que órgãos públicos, tal como venho pensando, não seriam os únicos patrocinadores, como veremos a seguir.

Outro aspecto importantíssimo a ser salientado é que com o investimento na alimentação consequentemente se economizaria com a saúde. Uma vez que a população, sobretudo a parcela mais carente, estando bem alimentada gozaria de melhor saúde e de uma velhice mais saudável. Também economizaria e melhoraria a educação, uma vez que muito do deficit de aprendizagem e evasão escolar deve-se a má nutrição. Economizar-se-ia e melhoraria a segurança pública, visto que a população possuindo garantias do suprimento da alimentação básica tenderia a ficar menos apreensiva e nervosa. Além do combate dos fatores biológicos que levam a adoção de comportamentos mais agressivos em decorrência da fome. Também se economizaria nos acidentes de trânsito, pois o nível de atenção melhoraria dentre àquelas pessoas que dirigem e não se alimentam bem em função de suas condições econômicas. Além de uma considerável mudança nas grandes cidades que ficam abarrotadas de pessoas pedindo coisas.

4.7.2 – Recursos da sociedade civil e empresas privadas: Existem muitas maneiras de se captar doações em nossa sociedade. Um bom exemplo são as instituições filantrópicas como a Santa Casa e ONGs como Greenpeace. Boas causas mobilizam um contingente grande de pessoas em seu entorno e um projeto desta magnitude certamente o fará. Iniciativas como telemarketing, campanhas publicitárias, criação de carnês onde o doador se compromete a pagar uma mensalidade, depósitos em conta, parcerias com empresas privadas onde, por exemplo, o cliente vai até a loja comprar algo e acaba depositando algum dinheiro na caixinha, doações diretas de empresas privadas ou por via de incentivos fiscais. Além de parcerias com ONGs e instituições como as igrejas evangélicas e católica que já mantêm programas de combate a fome, bastando apenas deslocar os recursos e centralizá-lo no projeto. Porque se este for implantado tal como está essencialmente projetado, ou no mínimo mantendo-se o objetivo principal, não precisaremos mais criar projetos paralelos de combate a fome. Uma vez que bastaria a centralização dos recursos e das iniciativas para se chegar ao mesmo fim.

As instituições que contribuírem de maneira mais significativa com o projeto poderiam colocar suas marcas nos restaurantes, refeitórios, veículos, campanhas publicitárias, etc. Notei que muitas pessoas, para não dizer a maioria, possuem produtos alimentícios e de limpeza em suas casas que não utilizam. Mesmo as pessoas mais pobres, o que gera grande desperdício. Poderíamos pensar em meios de estimular a população a destinar estes alimentos e produtos de limpeza ao restaurante mais próximo de suas casas. Nos bairros pobres existem, geralmente, muitas igrejas e, portanto, pessoas ávidas a prestarem trabalhos voluntários, mas que não encontram meios seguros para isso. Poderíamos aproveitar a disponibilidade dessas pessoas. Quem sabe até fazer uso das dependências físicas dessas instituições quando possível. Ou da estrutura das associações de bairro e, em alguns casos, escolas públicas.

5 – Distribuição

5.1 - Gratuito: Para àqueles que comprovadamente não podem pagar, se faria uma avaliação da renda, estes teriam que se registrarem e receberiam um cartão. Poder-se-ia já utilizar o cadastro do bolsa família.

5.2 - Subsidiado: Para àqueles que comprovadamente não podem pagar o valor integral da refeição, também ocorreria uma avaliação da renda, estes teriam que se registrar e receberiam um cartão. Pagariam somente o custo da alimentação para o restaurante ou uma parcela do custo.

6 – Considerações finais\Objeções

De fato uma iniciativa tão abrangente como esta traria muitas consequências positivas para a sociedade como um todo, a começar para a economia de um país. Certamente nossas empresas se beneficiariam muito com o projeto, principalmente porque o nível educacional e a saúde da população melhorariam consideravelmente. Devido, como já foi dito, a diminuição da evasão escolar e melhoras na aprendizagem.

Os trabalhadores que executam tarefas, principalmente físicas ou braçais, chegariam aos seus postos de trabalho com melhor saúde e; portanto, mais saudáveis e aptas a exercerem suas funções. O índice de acidentes e absenteísmo no trabalho certamente reduziria, devido a uma história de condições alimentares melhor. As nações, certamente, economizariam gastos gigantescos com a saúde, segurança pública, acidentes de trânsito e educação. A sociedade, mesmo para àquela parcela da população com maior poder aquisitivo, se tornaria melhor. Pois iriam se preocupar menos com segurança e não teriam que conviver com as tristes imagens de corpos em frangalhos se desintegrando pelas ruas ao irem aos grandes centros urbanos. De fato o setor de alimentos pode sofrer inicialmente uma ligeira queda em alguns itens, mas será recompensado em outros. Corre-se o risco de que algumas pessoas, que não precisam fazer uso dos serviços, fossem beneficiadas injustamente. Mas isso vai depender, sobretudo, do sistema de controle e fiscalização a ser implantado. Além do mais somente àquelas pessoas que de fato comprovarem não poderem pagar pelo alimento iriam recebê-lo gratuitamente. O restante pagaria por ele de forma integral ou parcial. Também é preciso levar em consideração alguns aspectos subjetivos como o fato de que as pessoas, em geral, gostam de ser estimadas e admiradas, sobretudo na comunidade onde moram. E, se não tiverem a necessidade real de fazerem uso dos serviços, tenderão a evitá-lo (às vezes até precisando utilizá-lo). Particularmente não conheço nenhuma pessoa civilizada no mundo moderno que voluntariamente gosta de demonstrar sua fragilidade econômica. Portanto, o fator discrição, também deve ser considerado.

7 – Últimas palavras

Para quem tem o que comer este projeto pode não representar muito, mas certamente para aqueles que ainda preservam uma parcela, mesmo que pequena de humanidade, a iniciativa é válida. Reconheço que o desafio é grande, sobretudo para um país como o Brasil de dimensões continentais. Mas em algum momento da história colocar os pés na lua também representou um grande desafio para a humanidade, foi vencido. Construir carros e máquinas altamente modernas também. Viajar pelo mundo inteiro sem sair de casa e conversar com pessoas do outro lado do planeta e ainda visualizá-las, constituiu outra espantosa evolução. Voar como os pássaros ou nadar como os peixes e, de maneira ainda mais eficaz. Canalizar a água, produzir energia, remédios, geladeiras e milhares de outras coisas. Eleger um presidente que já foi operário ou um negro num país extremamente racista. Certamente nada disto foi fácil, mas foi possível.

Algumas ideias acerca de doações e reutilização

Nunca antes a humanidade se preocupou tanto, pelo menos no nível do discurso, com as questões ambiente como agora. Palavras como desenvolvimento sustentável, clima, ecologia, natureza e sinônimos abundam nos meios de comunicação. Não que esta preocupação seja exclusivamente produto da Modernidade ou da Pós-Modernidade, mas o momento atual é rico em discursos pró-natureza.

A percepção de outros problemas sociais como a pobreza, injustiças, tirania, violência, guerras, corrupção e desigualdades já era bem nítida desde os primórdios da civilização. Muitos movimentos no passado e no presente foram e são executados para se combater essas mazelas. Não podemos dizer que elas foram vencidas nas civilizações modernas em nenhuma nação. Mas se nada tivesse sido feito para a correção dessas distorções certamente o quadro estaria muito pior. O discurso de sustentabilidade, motivado pelas demandas concretas da natureza, traz consigo o discurso e as técnicas da reciclagem. Algo por si só coerente, pois se quisermos preservar temos que reciclar. E a reutilização por sua vez consiste, em alguma medida, num meio de se reciclar. Se, por exemplo, em vez de descartamos uma roupa (jogá-la no lixo) que não mais a usamos (por motivos não relacionados à inutilização pelo desgaste) e a disponibilizarmos a outras pessoas que possivelmente fariam uso dela, então a estamos reutilizando. Ou seja, estamos tornando útil algo que a princípio não tinha mais utilidade num determinado contexto e passou ter em outro.

Nesta concepção o conceito de reutilização transcende o conceito de reciclagem, no sentido que geralmente visualizamos no mundo concreto. Porque quando pensamos em reciclagem vem-nos em mente um processo de destruição de um determinado objeto e a reutilização da sua matéria-prima para uso posterior no desenvolvimento de um outro objeto. Por exemplo, reciclar o papel para se fazer um caderno advindo de papel reciclado. No entanto, o que também pode ser maximizado, é o processo de reutilização dos objetos ainda em estado de uso que por alguma razão ou outra deixam de ter valor para o seu proprietário. Utilizo o termo "maximizar" pelo fato de se tratar de uma prática já bastante difundida pela sociedade desde seus primórdios. Desde quando o homem realizava suas transações comerciais pela via das permutas. Entretanto, como tudo na vida, a institucionalização de tal medida traz implicações. Vamos discuti-las em breve.

É comum nos perguntamos o porquê, numa apreensão da polícia federal de materiais ilegais, de se destruir todos os produtos aprendidos. Pois afinal não existem bilhões de pessoas no mundo que poderiam fazer uso desses objetos? E, apenas com a apreensão destes, os contraventores não estariam sendo automaticamente punidos por agirem na ilegalidade? Sendo assim esses mesmos materiais não poderiam ser reaproveitados de alguma maneira, ao invés de serem destruídos? Pois se alguém fabricou algo é porque tinha a perspectiva de alcançar potenciais compradores. A razão principal da não reutilização integral destes materiais se encontra no fato de que se esses materiais fossem disponibilizados gratuitamente para os potenciais compradores, os mesmos teriam suas necessidades e desejos preenchidos e não mais comprariam estes mesmos produtos das mãos dos produtores que trabalham dentro da legalidade. E estes, por sua vez, não poderiam gerar empregos e pagar impostos. No decorrer do ciclo, na manutenção desta lógica, os agora potenciais compradores perderiam seus empregos e a capacidade de consumir, o que travaria a roda da economia.

Entretanto, nos países mais pobres e em situações específicas como em desastres naturais, materiais provenientes de doação numa escala mais ampla poderiam ser reutilizados sem causar danos à economia. Mas, ao contrário, estimulá-la. Este ponto é importante no sentido em que se alguém ganha algo esta pessoa deixa de comprar aquilo que ganhou. E a empresa e\ou pessoa que produz este determinado produto deixa de vendê-lo a este sujeito. Uma vez que a necessidade e\ou o desejo desta pessoa já se encontra preenchida. Numa escala mais ampla, no modelo econômico em que vivemos, tais acontecimentos poderiam prejudicar o bom funcionamento da economia. Algo que nenhum governo deseja. Por outro lado, para que as pessoas possam ser inseridas na economia de forma produtiva (e consequentemente como consumidor), elas precisam de um mínimo necessário para seguir as regras sociais e\ou funcionais que uma atividade produtiva exige. Por exemplo, uma pessoa que mora na rua, que quase não se alimenta e se veste com trapos, dificilmente conseguirá sair desta condição. Uma vez que, para isso, precisaria de um emprego e\ou um trabalho. E, para consegui-lo, faz-se necessário uma estrutura mínima. Do contrário tende a adentrar num ciclo quase inquebrável. Pois precisa de uma estrutura mínima para se emancipar, mas para conseguir esta estrutura mínima precisa de um trabalho, que em geral depende desta estrutura mínima. Como então quebrar este ciclo? A resposta já conhecemos, com programas sociais como o Bolsa Família. Mas que podem ser complementados com a prática de doações e reutilização. Sabemos que não é nada vantajoso para o sistema uma pessoa que não consome.

Também sabemos que para consumir é preciso um mínimo de inserção social. Então nada mais benéfico para o próprio sistema ajudar as pessoas a obterem uma estrutura mínima e possibilitá-las a entrarem no "jogo da economia".

Como disse, não proponho nada de muito diferente do que já vem acontecendo, apenas uma ampliação e melhor organização por parte do estado neste quesito. Ou seja, de uma estrutura que ESTÍMULA, RECEBE E DISTRIBUI, materiais diversos advindos de doações. Utilizados para atender pessoas em situação vulnerável por causas sociais ou naturais. O estímulo pode ser alcançado pela via pedagógica através de campanhas publicitárias. Para o recebimento e a distribuição faz necessário a MONTAGEM de uma estrutura de logística capaz identificar os necessitados, atender os doares, recolher e selecionar os materiais, levar os objetos até aqueles que precisam.

Numa pesquisa informal que realizei fiquei impressionado com a quantidade de coisas que a maioria das pessoas possui em suas casas e que poderiam doar, inclusive as pessoas pobres. Se existisse uma estrutura adequada para isso poderia se fazer deste meio um modo impactante para a assistência social. Quando digo estrutura também menciono o componente pedagógico, importante para conscientizar e estimular as pessoas a criarem o hábito de doarem àquilo que julgam desnecessário. Trata-se, fundamentalmente, de uma questão cultural e de atitude.

Com relação à identificação do potencial doador pode-se pensar em diferentes canais de comunicação. Como o telemarketing receptivo, onde alguém ligaria para um determinado número e solicitaria o recolhimento dos objetos que deseja doar. A criação de um site com as informações pertinentes bem com um fale com conosco, postos físicos de arrecadação (pode-se se pensar em se aproveitar a estrutura pública já existente como escolas, associações de bairro, etc).

No caso do recolhimento no local, obviamente, requer que se trace uma rota. Tal como as empresas que possuem um departamento de logística elaborado realizam. Dai a necessidade do desenvolvimento de uma estrutura de logística bem planejada. No caso da distribuição pode-se fazer uso dos mesmos meios do recebimento, com a diferença da análise individual de cada caso. Talvez essa seja a parte mais complicada porque precisaria se avaliar o que, em que quantidade e quem receberiam as doações, com base no que se tem em estoque. Mas nada que um cadastro efetivo já existente utilizado em outros programas sociais não resolva. Pode-se pensar na criação de um estoque único para cada município. Como se trata de doação não vejo a necessidade de se investir num sistema integrado que transcenda a operação dentro do próprio município. Mas também nada impede que um município doe ou troque objetos com outros. Obviamente, como tudo na vida, a relação custo-benefício tem que tender para o benefício e superar os custos operacionais. No sentido em que se o custo operacional para se organizar este sistema transcender os benefícios, então sua implementação não é viável.

Em outras palavras, se com o produto final das doações obtiverem um valor inferior aos custos operacionais, então o sistema não se tornaria viável. Por isso a necessidade da elaboração de um sistema inteligente que compense os custos operacionais. No momento muitas pessoas estão sofrendo com os impactos das adversidades do clima no Brasil e no mundo. Se em cada município existisse um sistema como o proposto, sobretudo nas cidades com histórico de desastres naturais, já poderia ter em estoque materiais disponíveis em maior quantidade e diversidade para serem enviados às pessoas vítimas de desastres naturais. Esta tarefa não seria deixada para depois da ocorrência dos desastres. Evidentemente, como já foi dito, faz-se necessário uma seleção dos materiais para se economizar tempo, espaço e outros recursos.

Diego Brito

Algumas ideias para um sistema de mapeamento das áreas de riscos

Aliado as medidas acima sugiro a criação de um eficiente sistema (provavelmente já deve existir um, mas talvez não tão eficiente) para mapear todas as áreas de risco do país e disponibilizar essas informações na internet. Neste sistema deveria conter dados que informam as localizações das áreas de risco e as possíveis ocorrências de futuros desastres naturais em uma determinada região.

Um histórico que remonta os registros dos últimos 100 anos acerca de acontecimentos naturais que prejudicaram um número maior de pessoas. Bem como previsões meteorológicas das regiões específicas. Explicar detalhadamente as causas, além de simular possíveis consequências. Obviamente apontar as possíveis soluções e honestamente dizer o porquê de ainda não terem sido implementadas, como por exemplo, falta de recursos. Ou a necessidade de remover um grande contingente de pessoas da área. A inexistência de soluções técnicas para o momento, etc. Não há nada de errado em ser transparente, sobretudo em se tratando de assuntos tão delicados que envolvem a vida de milhares de pessoas. Se, por exemplo, no estado A, na cidade B, no bairro C existe um rio que transborda com frequência, então ele deve ser mapeado e as informações sugeridas acima mencionadas. Se numa determinada área de uma favela X existe o risco de desabamento, então ela deve ser enquadra no mapeamento e as informações sobre a área disponibilizadas.

As razões que justificam a implementação de um sistema como este são inúmeras. A começar pelas pessoas que vivem nessas áreas e que certamente se sentiriam mais seguras se tivessem acesso a essas informações. Bem como se percebessem que existe sim preocupação por parte do governo e da sociedade com suas condições. Contribuiria no processo de elaboração, implantação e acompanhamento acerca das possíveis soluções. Novas ideias tenderiam a surgir e as pessoas responsáveis pela implantação das soluções ficariam mais atentas aos seus deveres. Novos moradores evitariam ocupar essas áreas quando de posse de informações confiáveis, sobretudo do seu histórico. Principalmente quando não existem boas perspectivas de soluções em curto prazo. Mas felizmente parece que no Brasil um projeto neste sentido ou similar a este já está sendo posto em andamento pelo governo federal, conforme pude ler no site do Partido dos Trabalhadores:

Cerca de 300 cidades deverão fazer parte do cadastro nacional de municípios suscetíveis a desastres naturais que está sendo elaborado pelo governo federal. Segundo a Lei 12.608 de 10 de abril de 2012 essas cidades terão que elaborar um sistema de defesa civil e planejamento para evitar tragédias. "Essa lei além de estabelecer todo um sistema de proteção e defesa civil, com papéis para a União, para estados, para a prefeitura, para a sociedade civil", explica o diretor de Assuntos Fundiários e Prevenção de Risco Ministério das Cidades, Celso Santos Carvalho. Segundo Carvalho, apesar de o cadastro ainda não pronto, constarão na lista cidades como Blumenau, São Paulo, Santo André, São Bernardo, Belo Horizonte, Contagem, Betim, Juiz de Fora, Ouro Preto, Nova Friburgo, Teresópolis, Rio de Janeiro, Niterói, Petrópolis, Salvador, Recife e Olinda. "São esses municípios que todo o ano têm problemas", ressalta o diretor. De acordo com ele, para inclusão no cadastro são levados em consideração o histórico e as condições geológicas de cada região. Essas cidades terão acesso a recursos do governo federal para elaborar as cartas geotécnicas de aptidão, que definirão os critérios para expansão dos municípios. "Ela vai falar quais áreas não podem ser ocupadas, quais áreas podem ser ocupadas com critérios especiais, quais áreas não têm nenhuma restrição para ocupação", destaca Carvalho. Para o professor da Escola Politécnica da Universidade de São Paulo (Poli-USP), Faiçal Massad, o modelo estabelecido pela nova lei muda totalmente a forma de atuação do Poder Público em relação aos desastres. "É um enfoque completamente diferente. Quer dizer, a nossa engenharia vai atuar antes da ocorrência do escorregamento ou de um desastre. Muda a maneira de agir. Em vez de ir depois que ocorreu, vamos chegar antes". Assim, os recursos tecnológicos disponíveis atualmente poderão ser usados, segundo Massad, de maneira mais efetiva para prevenir tragédias. "A nossa engenharia já está há muito tempo habilitada para responder a esses desafios de escorregamento de terra". (PT, 2012).

Diego Brito

Algumas ideias(s) para o(s) sistema(s) público(s) de saúde

Não é preciso dizer que os sistemas públicos de saúde dos países subdesenvolvidos, em desenvolvimento e até dos desenvolvidos como é caso dos EUA, passam por dificuldades. Problemas decorrentes de vários fatores como financiamento, gestão, alta demanda, falta de profissionais, alto custo dos serviços e grande complexidade de alguns procedimentos. Além de uma certa "concorrência" do setor privado que se beneficia com a baixa qualidade dos serviços públicos e uma certa tendência ao uso excessivo de medicamentos (consequência da nossa cultura, da prática de alguns médicos e do marketing promovido pelos laboratórios). Trata-se de problemas muito complexos e de difícil resolução.

Por outro lado é excelente que, num mundo onde temos que pagar por tudo, exista acesso aos serviços médicos gratuitamente. Para que, pelos nos momentos mais difíceis da vida, as pessoas possam recorrer a uma instituição pública e tratar da saúde. Não raro uma saúde debilitada pelos maus tratos do cotidiano e\ou pela execução de trabalhos aviltantes para um ser humano. No entanto, para que estes serviços públicos possam realmente e concretamente exercerem o papel para o qual foram criados, as pessoas atendidas, bem como os profissionais que trabalham nestes sistemas, precisam receber um tratamento minimamente digno.

É verdade que muitas vezes a mídia demonstra apenas o lado negativo dessas instituições. Se esquecem de reconhecer e mostrar que, mesmo não funcionando da melhor maneira possível, as instituições de saúde pública têm importância indescritível na vida das pessoas que não podem pagar pelo atendimento privado. E também, muitas vezes, não mostram os incontáveis sucessos de cura obtidos ali. Além do empenho herculano de muitos profissionais. E que existem sim muitos profissionais competentes e dedicados trabalhando no sistema público de saúde. Se de um lado é positivo que a mídia aponte as deficiências do sistema, até para que ele possa ser melhorado, do outro é importante reconhecer o bom trabalho que milhares de profissionais prestam todos os dias para milhões de pessoas. Por causa isso decidi sistematizar algumas ideias que acredito poderem ser úteis para o aperfeiçoamento desse(s) sistema(s). No Brasil, inclusive, já estão em andamento excelentes iniciativas como é o caso da compra centralizada de medicamentos, da farmácia popular, das unidades de pronto atendimento, do cartão do SUS, da ampliação do número de cursos superiores de medicina e de outros no âmbito federal. Além de muitos outros programas que desconheço que acontecem no âmbito estadual e municipal.

Dos muitos projetos que já estão em execução no SUS que tenho ciência certamente, a meu ver, todos são excelentes. Obviamente trata-se de um sistema muito complexo e, para compreendê-lo mais profundamente e de modo detalhado requereria, talvez, anos de estudos. Sobretudo acerca das especificidades de seus problemas. Felizmente, o atual (quando o livro foi escrito) ministro da saúde no Brasil Alexandre Padilha, demonstrou, a meu ver, em entrevista recente (08/2012) ao programa Roda Viva, conhecer muito bem os problemas que acometem o SUS. A verdade é que o sistema de saúde de cada país possui características próprias. Sendo que transplantar uma determinada solução de um contexto para outro sem a devida análise pode resultar numa hemorragia, ao invés de estancar o problema. Então vamos seguir em nosso objetivo, tentarei ser o mais sucinto possível na explanação do meu ponto de vista. Como disse estas ideias não foram elaboradas exclusivamente para o contexto brasileiro, mas o utilizo como ponto de partida.

PlanSUS: Em alguma medida, inspirado no modelo proposto por Barack Obama nos Estado Unidos, a ideia consiste na elaboração de um plano de saúde público. Faço uso do nome SUS apenas como referência, mas cada país que se interessar pela proposta deve adaptá-la a sua realidade e criar uma nomenclatura própria. É interessante quando refletimos que cerca de 48.000.00 milhões de pessoas no Brasil possuem um plano de saúde privado. Isto quer dizer que essa parcela da população por uma via (geralmente cobertura fornecida por uma empresa) ou outra têm recursos suficientes para custear um plano de saúde. Na outra ponta estão as operadoras de planos de saúde, ou seja, empresas lucrando com a prestação destes serviços. Se as pessoas e\ou empresas que hoje pagão pela cobertura privada tivessem acesso a um serviço público de saúde com qualidade similar ao privado, não haveria razão para o usarem o sistema de saúde privado. Se assim fosse, o estado é quem custearia com a demanda que hoje é direcionada ao sistema privado. O que certamente não suportaria.

Entendo que, o acesso gratuito ao sistema público de saúde, deveria acontecer somente para aqueles que não podem comprovadamente pagar por um plano de saúde privado. Já, quem pode pagar, deveria fazer uso apenas do sistema privado. E não ter acesso a ambos. O atendimento totalmente gratuito pelo SUS deveria, assim entendo, ser destinado apenas para as pessoas que estiverem dentro de uma determinada faixa de renda e que não podem pagar pelos serviços. Aqueles que não estiverem dentro de uma determinada faixa de renda deveriam pagar uma mensalidade pelos serviços públicos, através da contratação de um plano de saúde estatal. Do contrário teriam que aderir a um plano de saúde privado.

O preço também poderia variar conforme a faixa de renda. Algo a ser pensado. Logo, as pessoas com uma renda maior, pagariam uma mensalidade um pouco mais alta para fazerem uso dos serviços públicos de saúde. Montar-se-ia então uma tabela com diferentes variações conforme a renda de cada grupo. Obrigatoriamente todos teriam que ter um plano de saúde público ou o privado. É comum uma pessoa possuir um plano de saúde e mesmo assim fazer uso dos serviços do SUS, neste modelo isso não ocorreria mais. A não ser que esse mesmo indivíduo tivesse além do plano de saúde privado o PlanSUS.

Assim, todos que estiverem trabalhando com carteira assinada, obrigatoriamente teriam que fazer um plano de saúde privado ou o PlanSUS. Como já acontece em muitas empresas, se descontaria da folha de pagamento a mensalidade conforme a política de cada empresa (sobre quem vai pagar e quanto). Independente do salário e\ou do porte da empresa. O que poderia variar de indivíduo para indivíduo ou de grupo para grupo seria o preço. Que dependendo da condição do indivíduo (no caso do PlanSUS) se poderia chegar a gratuidade. Pode-se se pensar em criar o PlanSUS, com diferentes níveis de atendimento, variando-se o preço conforme o nível da cobertura. Como por exemplo, odontológica, psicológica, número de consultas, etc.

Fazendo-se um pequeno cálculo (apenas uma suposição, com números hipotéticos), se 100.000.000 de pessoas adotassem o PlanSUS a uma média de R$ 30,00 para cada uma se chegaria a respeitáveis R$ 3.000.000.000,00 mensais. Em um ano totalizaria R$ 36.000.000.000,00. Somando este valor a quantia que hoje já é destinada à saúde, se chegaria a um número bem mais confortável para a execução do trabalho. E se pensarmos que as pessoas que hoje têm um plano de saúde privado deixariam de usar paralelamente os serviços do SUS, passando a usarem exclusivamente os serviços cobertos pelo seu plano particular, se chegaria a mais economia. Vejamos outras questões também relevantes para o propósito de aperfeiçoar os sistemas de saúde pública.

Atendimento nas clínicas particulares: Dos médicos, dentistas e outros profissionais da saúde como nutricionistas, psicólogos, fisioterapeutas, fonoaudiólogos, etc. Realizei uma pesquisa informal com alguns desses profissionais e percebi que muitos preferem atender em suas próprias clínicas a trabalharem em instituições públicas. Em função de muitos fatores como o da configuração do ambiente; uma vez que o atendimento em suas próprias clínicas tende a ser mais agradável tanto para o profissional quanto para o cliente. Os problemas estruturais e funcionais do SUS como o que diz respeito à organização, números de atendimentos, comportamento dos pacientes (que nem sempre é paciente), localização, etc. São fatores desmotivacionais para muitos dos profissionais da saúde.

Mas mesmo assim uma parte destes trabalham para o sistema público devido, quase exclusivamente, a questões econômicas. Uma vez que ao atuarem no sistema público conseguem uma renda fixa garantida e previsível. Às vezes, dependendo do caso, podem ganhar até mais que atendendo em seus próprios consultórios. Visto que neles têm as despesas com aluguel, secretária, INSS, etc. Além do fato de não terem nenhuma garantia de que terão clientes. Pois as regras do mercado é a mesma para todos os profissionais, inclusive os da saúde.

Recentemente li uma pesquisa que relatou o fato de que em boa parte do tempo os consultórios de muitos profissionais ficam vazios. É comum um médico atender pelo SUS ou hospital particular e também manter um consultório próprio. Alguns, geralmente mais velhos, atuam apenas em suas clínicas e outros apenas em instituições particulares de terceiros ou públicas.

Há também casos em que os profissionais se reúnem, numa espécie de cooperativa e montam suas próprias clínicas. Às vezes com múltiplas especialidades, em outras apenas compartilham da mesma sala para redução de custos. E, de modo geral, em seus estabelecimentos particulares e\ou privados, a maior parte dos atendimentos são provenientes de convênios com os planos de saúde. Com a criação do PlanSUS se poderia fazer uso da estrutura já existente montada por esses profissionais a um custo mais baixo para o estado. E, ao mesmo tempo, gerar benefícios para a classe médica. Pois poderiam passar mais tempo em suas confortáveis clínicas, ao invés de efetuar deslocamentos indesejáveis. Hipoteticamente vamos considerar que o preço pago pelos convênios aos médicos no Brasil por uma consulta convencional varia de R$ 28,00 a R$ 48,00 (me parece que esses números se aproximam da realidade). No PlanSUS a consulta poderia ficar na faixa de R$ 25,00. O que provavelmente sairia a um custo por consulta menor do que se o mesmo profissional atendesse numa instituição pública. Vejamos os cálculos:

Tempo mínimo da consulta: 30 minutos
Número médio de atendimentos diários: 8 – Equivalente a 4 horas
Número médio de atendimento por semana: 5 x 8 = 40
Número médio de atendimento por mês: 4 x 40 = 160
Custo total: 160 x R$ 25,00 = R$ 4.000,00 para 20 horas semanais trabalhadas usando a sua própria estrutura.

Obs.: Estes números são apenas hipotéticos.

A chave para o sucesso desta medida reside na adoção de certos parâmetros como: definição de um número máximo de atendimento por médico pelo PlanSUS, por exemplo 160 mensais ou 40 semanais. Assim podem também atender pacientes não conveniados pelo PlanSUS e diversificarem sua fonte de renda, mais profissionais poderiam se conveniar, minimizaria a possibilidade de ocorrência de "consultas fantasmas", se estabeleceria um tempo mínimo de 30 minutos para cada consulta, etc. No entanto, a questão decisiva para o sucesso desta medida, além obviamente de se fazer uso dos recursos tecnológicos, é se implementar um sistema em que as consultas nas clínicas particulares, só poderão ocorrer SOMENTE se existir fundos.

Sendo assim se poderia criar uma conta separada e compartilhada com alimentação mensal ou quinzenal. A cada atendimento descontaria seu custo da conta. Como numa caixa d'água. Uma vez que se teria um fundo mensal proveniente do PlanSUS e outros meios. Ao atingir o limite mensal do fundo os atendimentos neste modelo seriam interrompidos até o início próximo mês. Se, por exemplo, esta conta recebe-se uma quantia de R$ 2.500.000.000,00 num determinado mês, se poderia liberar um máximo de 100.000.000 consultas (a R$ 25,00 por consulta) neste modelo distribuídas pelo país naquele mês. A partir daí, só no próximo mês, os atendimentos nas clínicas particulares seriam liberados. A razão disso é óbvia, controle de gastos. Porque, do contrário, poderia ocorrer um número muito grande de atendimentos extrapolando o orçamento do mês. Sobretudo nos momentos iniciais, devido à existência de uma demanda reprimida. É preciso que haja previsibilidade quando o assunto é orçamento, para não se adentrar em dívidas desnecessárias. Se, por exemplo, o número de atendimentos extrapolarem o orçamento já no início do mês, este modelo de atendimento deverá ser interrompido. E, os usuários do PlanSUS, terão que buscar o atendimento nos estabelecimentos públicos convencionais como os postos de saúde, UPPs e hospitais.

Existe um discurso, muito pertinente, de que a contratação de serviços de estabelecimentos privados como meio complementar para atender a demanda que chega ao SUS acarreta na sua desestruturação. Porque os recursos que poderiam ser utilizados para o aperfeiçoamento do próprio SUS acabam sendo destinado a instituições particulares. Isto parece ser verdade se pensarmos no âmbito do hospital. Porque neste caso falamos de equipamentos e espaço físico específicos para o atendimento. Já no caso dos atendimentos clínicos nos referimos, em geral, a uma sala, uma mesa e um profissional atendendo. Neste caso não se estaria desestruturando o SUS, e sim ampliando consideravelmente sua estrutura de atendimento. E mais importante ainda se estaria aliviando a estrutura já existente do sistema, o que possibilitaria melhoras na qualidade dos atendimentos.

Em termos de custos este modelo de atendimento sairia muito mais barato para o governo. Porque ao atender em suas próprias dependências precisa custear com o trabalho do profissional (que pode também receber sem atender se não tiver demanda) e com toda a estrutura que os atendimentos envolvem. Como as salas, material de limpeza, secretaria, telefone, energia elétrica, etc. Sendo assim talvez se poderia pensar em pagar um valor para a consulta maior para ajudar os profissionais. Obviamente existem especificidades e\ou detalhes a serem tratados como a definição de um número máximo de consultas por usuário ao longo mês, casos específicos como doenças graves, remuneração diferenciada para especialidades clínicas específicas, definição de parâmetros para as consultas com psicólogos, nutricionistas, fonoaudiólogos, etc. Continuemos a ver outras questões que também seriam fundamentais para o êxito do projeto, bem como outras ideias complementares. A verdade é que existem milhares de particularidades, mas vamos nos ater com este trabalho a apenas algumas delas.

Tratamento odontológico: No caso particular dos tratamentos odontológicos existem particularidades muito importantes a serem consideradas. Uma delas trata-se do modo como o preço dos seus serviços é calculado, não apenas os serviços em separado, mas também a inclusão dos materiais odontológicos no cálculo. Seria preciso, portanto, padronizar o tipo de material a ser empregado e se chegar a uma tabela fixa que englobe o preço de todos os procedimentos possíveis. Como cada tratamento tende a ter uma faixa de valor variável conforme cada caso, pode se pensar em liberar apenas uma determinada faixa de valor mensal por pessoa. Por exemplo, R$ 100,00 mensal por pessoa. Pode-se se pensar na possibilidade do próprio estado produzir e\ou adquirir e distribuir alguns dos materiais odontológicos mais usados. Disponibilizá-los para cada consultório conveniado, pagando ao profissional, por exemplo, apenas pelos serviços prestados sem os custos dos materiais. A princípio parece ser difícil de controlar e talvez o seja de fato. No entanto, temos instrumentos tecnológicos e matemáticos para isso que, com a aplicação adequada, estas tarefas se tornam simples. Como já foi dito o nível de atendimento pode variar conforme o plano escolhido, como hoje acontece com os planos de saúde privados.

Se pode cogitar adotar um tempo mínimo de fidelidade para o cancelamento de determinados serviços complementares, como o caso do odontológico. Isto para não acontecer de uma pessoa contratar, fazer seu tratamento e logo em seguida cancelar. Vale lembrar que o propósito final de qualquer serviço público é o de atender ao público. Assim sendo, quem comprovadamente não puder pagar, deve ter acesso a esses serviços gratuitamente. Pois no fim das contas o objetivo final dessas medidas é o de cobrar de quem pode pagar, fornecendo-lhe em troca um serviço digno. E, em contrapartida, oferecer àqueles que não podem pagar um também tratamento multidisciplinar digno. Passemos então para a próxima questão.

Falta de profissionais: É comum ouvirmos a reclamação de que faltam médicos no Brasil, como se o número de profissionais formados fosse insuficiente para atender toda a população. Em pesquisa recente amplamente divulgada pela mídia mostrou-se que o problema não está no número de profissionais formados e sim onde eles estão. Porque poucos querem ir para o interior, mesmo com os atraentes salários. E, quando podem, mesmo nas regiões centrais, preferem atuar em seus próprios consultórios. Recentemente vi um projeto de lei em andamento no congresso propondo que médicos formados com bolsas do Prouni teriam que obrigatoriamente trabalharem numa instituição pública de sua cidade de origem (se não estou enganado) por um determinado tempo. Acho esta medida excelente. Outra medida que poderia ajudar a reduzir este problema seria a de conceder bolsas de estudo para profissionais que já possuem uma graduação na área de saúde como nos cursos de enfermagem, fisioterapia, fonoaudiologia, terapia ocupacional e nutrição para médicos com especialidades diversas. Assim descartariam matérias e se formariam em menor tempo. E, no caso dos psicólogos, oferecer bolsas para se especializarem em psiquiatria. Além é claro de se ampliar o número de cursos e conceder mais bolsas para pessoas carentes na área, uma vez que essa profissão ainda é elitizada. Existem muitas disciplinas semelhantes e algumas poderiam ser descartadas, diminuindo assim o tempo de curso. Além é claro do fator pedagógico e funcional. Uma vez que estes profissionais (atuantes ou não) já estão na área de saúde e, portanto, tendem a já conhecerem um pouco mais deste universo.

Instrumentos tecnológicos: Acredito que deveria se ampliar cada vez mais a utilização dos instrumentos tecnológicos nos sistemas de saúde. Sobretudo no que diz respeito ao trânsito de informações e acompanhamento dos pacientes. Por exemplo, todos os postos de saúde deveriam ter um site amplamente divulgado na comunidade onde está. Neles deveria conter, entre outras coisas, a agenda dos profissionais.

Poderia, inclusive, existir a possibilidade de conforme a agenda marcar pelo site a consulta, mediante a confirmação por telefone de um profissional do sistema (o custo com telefonia não é um empecilho real). Ou, se o usuário quisesse, ele poderia agendar sua consulta por telefone. Na verdade, os médicos e outros profissionais da saúde deveriam, acredito, abrirem outros canais de comunicação com os pacientes que não só o atendimento pessoal. Tais como chats, telefone, e-mail, etc. Ao ocorrer menor rotatividade destes profissionais nos postos das comunidades, atendendo-se um número menor de pacientes, acompanhando-se o mesmo paciente por mais tempo (como acontece nas famílias ricas) e o acesso a um sistema integrado (ver abaixo).

Com a adoção destas medidas, torna-se fácil a inclusão no cotidiano médico dessas alternativas tecnológicas de atendimento. Obviamente não substitutivas ao atendimento pessoal, apenas complementar. Acredito que ajudariam a reduzir a acumulação de pessoas num mesmo ambiente. Diminuiria o desconforto e aumentaria a qualidade dos atendimentos.

Sistema integrado: Chega a ser bonito ver quando uma empresa multinacional, que atua em várias partes do globo, consegue gerenciar seus processos como se toda estrutura da empresa estivesse fisicamente instalada no mesmo local. As tecnologias da informação existentes hoje permitem isso e elas serão determinantes para o sucesso ou fracasso deste modelo de trabalho. Não vou aqui construir um algoritmo de um software, apenas refletir um pouco sobre algumas características que este sistema deveria conter.

Todas as clínicas conveniadas, bem como todos os estabelecimento públicos de saúde deveriam estar interligados. Assim seria possível que a história de vida, no que diz respeito a saúde do indivíduo, fosse armazenada. Posteriormente recuperada e modificada sempre que necessário. Isto quer dizer que se uma pessoa efetuou uma consulta com um clínico geral num posto de saúde numa cidadezinha em Manaus e, se depois mudasse para São Paulo e fizesse uma consulta com um psiquiatra, o armazenamento e a recuperação dessas informações teriam que estar disponíveis no sistema. Isto evitaria muitos erros médicos, atendimentos e exames desnecessários e redundantes, se reaproveitaria informações, se ganharia tempo, se melhoria os diagnósticos, etc. É muito comum ver os pacientes perdendo suas fichas, exames, receitas, etc. Tenho ciência que medidas como o cartão do SUS e a compra centralizada de medicamentos apontam para maior integração do sistema. O ideal seria que as compras centralizadas ocorressem não só com os medicamentos, mas para todos os produtos. E estes fossem distribuídos para os estados e depois redistribuíssem para as prefeituras. Imagine o quanto se economizaria na compra de materiais de escritório, limpeza, merenda escolar, peças e equipamentos, contratação de serviços, etc. T

Também, no caso dos materiais, deveria existir um estoque compartilhado. Isto que dizer que, do ponto de vista prático, se um máquina de raio-X no estado do Pará estragasse e se existisse essa peça no estoque de uma remota prefeitura no Rio Grande Sul sem a necessidade de uso imediato, a mesma deveria ser enviada para o conserto da máquina estragada no Pará. Isto se os custos com a logística compensasse. Ainda que pareça muito ideativo e longe da realidade da administração pública, concretamente é o que deveria ocorrer. Pois afinal, independente da localização e da sigla, todos os governos estão contidos numa mesma categoria, a de entidades públicas. Hoje, nas bibliotecas de uma universidade particular que possui filiais, se um usuário solicitar um livro que não está disponível em uma biblioteca mas está em outra, basta fazer a reserva e aguardar chegar. Numa percepção lógica de que as bibliotecas fossem as mesmas, ainda que estejam fisicamente separadas. Depois de utilizado, o livro é devolvido para seu lugar de origem, bem simples. Um sistema assim geraria grande economia para o estado no momento da compra e na utilização dos recursos, pois os produtos sairiam a um preço bem menor e se evitaria desperdícios. Além é claro de reduzir a circulação de dinheiro em espécie entre as instituições públicas, aumentando a circulação de produtos e serviços pré-contratados.

Algumas ideias para um plano de cargos e salários unificado

Com advento da lei de acesso a informação, na verdade até antes dela, ficou bem claro que o plano de cargos e salários em nosso país é extremamente inadequado. Se é que existe um plano de cargos e salários.

Nos deparamos com motoristas que ganham mais do que um professor universitário, com pessoas fazendo as mesmas coisas e recebendo salários bem diferentes, com categorias profissionais que são bem remuneradas e com outras que pouco ganham. Se não estou enganado até o ex-presidente Lula ganhava menos que um deputado federal. Como se uma atividade fosse mais importante do que outra. Não é preciso nem falar das aposentadorias indevidas. Vejamos só como o atual salário dos professores, sobretudo do ensino médio e fundamental, é vergonhoso. Bem abaixo dos salários dos professores universitários. Como se a educação superior fosse mais importante que a educação de base. Como se uma não dependesse da outra. Penso que se deveria elaborar uma

80

tabela única de cargos e salários para os servidores públicos, independente de trabalharem na esfera municipal, estadual ou federal. Bem como na secretaria ou órgão A, B ou C. Um aux. Administrativo que trabalha no ministério da educação deveria ganhar o mesmo que um aux. Administrativo que trabalha numa remota prefeitura no Acre. Mas se a prefeitura não tiver receitas para pagá-los? Neste caso se deveria haver, mediante análise prévia, um auxílio para complementação salarial por parte do governo do estado e federal.

Também se deveria, assim entendo, reduzir a diferença entre o teto máximo e o mínimo dos salários do funcionalismo público para no máximo 20 vezes. Ou seja, os que recebem maior salário não poderiam ganhar mais do que 20 vezes em relação aos que recebem menor salário. O que já se configura uma diferença grande. Outro ponto que considero importante é a consideração da experiência profissional entre aqueles que participaram de um concurso público para um determinado posto. Se alguns candidatos concorrerão, por exemplo, a uma vaga de assistente social então aqueles que acumularem experiências deveriam receber alguns pontos para o concurso. As razões para isso são muitas como, estimular as pessoas a adquirirem experiências práticas no mercado e não só ficar estudando pra concursos. Aumentar as chances daqueles que por razões econômicas não podem se dedicar exclusivamente aos exaustivos estudos para as prova e precisam ir trabalhar. Aumentar as garantias de que ao se contratar um profissional este já passou por algumas experiências práticas para o exercício da função e, consequentemente, a exerça melhor, etc.

Além disso, é preciso se pensar num plano de carreira de modo a manterem as pessoas motivadas e produtivas. E que se crie um ambiente de comprometimento, ao mesmo tempo, agradável e estimulante aos profissionais.

Também sou favorável a ocorrência de rotatividade nos cargos de gerência e liderança nas instituições públicas entre as pessoas qualificadas para o exercício do cargo depois de um determinado período. Isto quer dizer que, numa escola pública, depois de um mandato de quatro anos outro professor que deseje e que esteja qualificado, por sorteio ou eleição, ocupe o cargo de direção da escola. E só depois que todos os interessados exerçam a função o primeiro a exercê-la poderá retornar ao cargo. O mesmo valeria para uma gerência de TI numa empresa ou órgão público, secretarias, etc. Sou favorável a esta medida por diversas razões, a começar para evitar o assédio moral. Porque não é nada incomum a luta por poder dentro das instituições e, o líder mal preparado, assediar moralmente seus subordinados. Sabendo que sua posição é transitória tenderá a não agir assim. Além do mais todos têm o direito de subir na hierarquia, mas o número de postos de comando é pequeno em relação ao número de pessoas que os almeja.

Sendo assim mais pessoas terão a oportunidade de exercerem a liderança, ainda que por um curto espaço de tempo. Pois, do contrário, estes cargos ficam monopolizados nas mãos de poucos. Não entra aqui especificamente os cargos dos governantes eleitos pelo voto, porque na prática a democracia por si só pode ser vista como um mecanismo de seleção que possibilita a rotatividade nos cargos.

Também sou favorável que se priorize a contratação de alguns profissionais específicos tais como professores universitários, psicólogos, assistentes sociais, fisioterapeutas, nutricionistas e outras profissões que, em alguma medida, existe um excedente de profissionais no mercado, por apenas 20 horas semanais e não por 40 ou 30, pela razão óbvia de se gerar mais postos de trabalho. Já tive professores na universidade que trabalhavam por 40 horas semanais para uma instituição pública e lecionavam mais 20 horas por semana. Nestes casos, por exemplo, sugiro a criação de mecanismos que os possibilitassem trabalhar por apenas 20 horas semanais para o estado se quisessem lecionar e, ao mesmo tempo, manter seu emprego público. O mesmo se quisessem empreender e\ou executar outra atividade econômica. A razão disto é simples, garantir mais empregos de qualidade para as outras pessoas. Porque se uma só pessoa trabalhava por 60 horas em empregos formais, certamente outras deixaram de ocupar esses espaços. Geralmente as pessoas fazem isso quando trata-se de "bons trabalhos".

Não é nada incomum nos depararmos com pessoas que presidem um monte de instituições e fazem parte de diversos e atraentes "conselhos". Por outro lado, não é fácil encontrar um operário que trabalha exaustivamente ao longo de 8 horas que deseja fazer horas extras. Se deveria também estimular as instituições privadas com incentivos fiscais a fazerem o mesmo. Penso que constantemente pesquisas de mercado sobre profissões que exigem um curso superior deveriam ser realizadas. Para se saber o número de profissionais formados e quanto destes estão exercendo suas profissões de formação. Quanto tempo levaram para conseguir um emprego. Se existe alguma tendência para a criação de novas vagas futuras no mercado. A média de remuneração. Quantos desses profissionais estão atuando. Quantos estão disponíveis no mercado ou exercendo outras funções.

Se o mercado não estiver absorvendo bem um determinado profissional então se deveria bloquear, por um tempo, a criação de novos cursos e a abertura de novas vagas até que o mercado se regularize. Mesmo que haja demanda. Aliado a isso se poderia aprovar no legislativo projetos de leis que garantissem a esses profissionais, e a outros, um piso salarial digno. E, também, um que obrigasse instituições específicas como escolas, hospitais, empresas de maior porte e outras a contratarem profissionais (psicólogos, nutricionistas, fisioterapeutas, pedagogos, assistentes sociais, etc....) que de fato são necessários e indispensáveis nestes espaços.

Diego Brito

Algumas ideias acerca de um cadastro único de vagas – emprego/profissionais

Atualmente existe no Brasil o SINE (Sistema Nacional de Emprego) que, de acordo com a apresentação abaixo extraída no site do Ministério do Trabalho, possui as seguintes características:

" O SINE foi instituído pelo Decreto n.º 76.403, de 08.10.75 e tem como Coordenador e Supervisor o Ministério do Trabalho, por intermédio da Secretaria de Políticas de Emprego e Salário. Sua criação fundamenta-se na Convenção n.º 88 da Organização Internacional do Trabalho - OIT, que trata da organização do Serviço Público de Emprego, ratificada pelo Brasil.

A principal finalidade do SINE, na época de sua criação, era promover a intermediação de mão-de-obra, implantando serviços e agências de colocação em todo o País (postos de atendimento). Além disso, previa o desenvolvimento de uma série de ações relacionadas a essa finalidade principal: organizar um sistema de informações sobre o mercado de trabalho, identificar o trabalhador por meio da Carteira de Trabalho e Previdência Social e fornecer subsídios ao sistema educacional e de formação de mão-de-obra para a elaboração de suas programações.

O art. 5º do Decreto de criação do SINE conferiu ao Ministério do Trabalho a competência para "definir as prioridades das áreas a serem gradativamente abrangidas pelo SINE, estabelecer os programas necessários a sua implantação e as normas administrativas e técnicas para o seu funcionamento".

Em 1988, o art. 239 da Constituição Federal criou o Programa do Seguro-Desemprego, regulamentado posteriormente pela Lei nº 7.998, de 11.1.90, que também instituiu o Fundo de Amparo ao Trabalhador - FAT. A partir dessa época, os recursos para custeio e investimento do SINE passaram a ser provenientes do FAT, por intermédio do Programa do Seguro-Desemprego. As normas e diretrizes de atuação do SINE, então, passaram a ser definidas pelo Ministério do Trabalho e pelo Conselho Deliberativo do FAT - CODEFAT, a quem compete gerir o FAT e deliberar sobre diversas matérias relacionadas ao Fundo.

Para cumprir suas finalidades, o Programa do Seguro-Desemprego contempla as ações de pagamento do benefício do seguro-desemprego, apoio operacional ao pagamento deste benefício, Intermediação de Mão-de-Obra, Qualificação Profissional, geração de informações sobre o mercado de trabalho e apoio operacional ao Programa de Geração de Emprego e Renda.

A partir da criação do Programa do Seguro-Desemprego, passou-se a entender por Sistema Nacional de Emprego - SINE a rede de atendimento em que as ações desse Programa são executadas, geralmente de forma integrada, excetuando-se a ação de pagamento do benefício do seguro-desemprego, operacionalizada pela Caixa Econômica Federal - CEF. Por esse motivo, o Programa do Seguro-Desemprego, no âmbito do SINE, significa as ações desse Programa executadas nos postos de atendimento do SINE.

A Lei n° 8.019, de 11.4.90, que altera a Lei n° 7.998/90, estabelece no art.13 que as ações do Programa do Seguro-Desemprego serão executadas, prioritariamente, em articulação com os estados e municípios, por intermédio do Sistema Nacional de Emprego, isto é, o mencionado principio da descentralização. Estas podem ser resumidas da seguinte forma:

- Seguro-Desemprego

- Intermediação de Mão-de-Obra

- Apoio ao Programa de Geração de Emprego e Renda

Algumas ideias para um(a) presidente(a) da república

Na verdade, parte dos recursos para o custeio do Sine, especialmente os relativos ao pagamento de seus funcionários, são provenientes de contrapartida das Unidades da Federação." (Site MTE)

Entre as suas funções estão as de captação de vagas, recrutamento, seleção e encaminhamento. Ou de intermediação de mão-de-obra. O que sugiro é agregar mais algumas tarefas a esse sistema e\ou reformular algumas e, em contrapartida, excluir outras. Uma funcionalidade que acredito poder agregar valor a esse sistema seria a da criação de (realmente) um cadastro único de vagas. Isto quer dizer que toda e qualquer vaga de trabalho criada e\ou disponível no país deveria ser registrada neste banco de vagas e disponível na internet. Já as tarefas de captação de vagas, recrutamento, seleção e encaminhamento não seriam mais realizadas pelo sistema. Na verdade estas tarefas, no meu entender, não deveriam mais ser realizadas por um órgão público. Porque ao executá-las o estado passa a assumir pra si, desnecessariamente e gerando despesas, tarefas que poderiam ser assumidas pela iniciativa privada. Isto sem gerar nenhum ônus para o estado e para o contratado. Como acontece na maioria dos processos que se dão na iniciativa privada. Na verdade, se estas tarefas fossem transferidas para a iniciativa privada, se geraria receita para o estado e não despesas. Se, por exemplo, uma vaga é criada na construção civil o empregador tem inúmeros meios, que não o SINE, para recrutar. Isto sem gerar nenhum ônus para o recrutado. Logo, pelo menos inicialmente para mim, não há razão prática para a manutenção das tarefas de intermediação de mão-de-obra neste sistema. A não ser é claro, que elas gerem algum tipo de receita para o estado e não despesas, que foge ao meu conhecimento. De modo algum desejo prejudicar as pessoas que trabalham nesta instituição executando essas tarefas. Muito menos dizer que elas não são úteis. O que quero de fato dizer é que podem ser executadas, talvez não tão bem, pela iniciativa privada gerando receitas para o estado e não despesas. Além do mais outras tarefas seriam assumidas pelo sistema, como proponho, o que geraria novas vagas para a realocação de pessoal. Já um cadastro único de vagas, acredito, poderia ser bastante útil para a população. Ele consistiria num site, com um banco de dados, contendo todas as vagas geradas no país com diferentes meios de acesso. Assim uma vaga de pedreiro, por exemplo, criada numa obra que acontece no estado do Amazonas pela construtora X, passada para a agencia de RH Y deve ser registrada no site antes de dar início ao processo. Ao clicar na vaga o usuário visualizaria suas características com o nome do recrutador (este pode ser também outro site, como o Vagas ou o Catho).

No site também se poderia gerar relatórios diversos, como o número de vagas para uma determinada profissão criadas no país e\ou estado e\ou município em determinado período ou abertas no momento da pesquisa. Informações confiáveis acerca das profissões como média salarial por região e vídeos que tratam da realidade prática de cada profissão. A utilidade destas medidas são inúmeras, a começar pela organização das vagas, geração de conhecimentos e informações confiáveis, facilidade para a pesquisa de novas oportunidades, dados para se tomar decisões, se fazer investimentos, etc. Se um engenheiro, por exemplo, residente numa determinada localização, pelo site poderá se informar que não tem vagas disponíveis na região onde mora. Mas também poderá perceber a existência em outra região, então poderá se mudar para conseguir um trabalho.

Para fins de informação pode-se criar também (além de um cadastro único de vagas) um cadastro único de candidatos, onde todas as pessoas que estão em busca de uma vaga façam um registro. Essas informações também podem ser disponibilizadas no site em forma de relatórios como, por exemplo, engenheiros mecânicos procurando vagas no estado X, município Y. E, porque não, se ter um cadastro e disponibilizá-lo acerca das vagas ocupadas. Penso que a administração pública, em todas as esferas, deveria utilizar mais de serviços de consultorias especializadas com o propósito de se reduzir custos diversos da estrutura. Seja em telefonia, energia elétrica, TI, escritório, materiais de limpeza, com a burocracia, etc. Desta forma sobraria mais recursos a serem investidos diretamente nas pessoas.

Outra prática que deveria se acentuar é a da troca de informação entre os governos. Isto vale no âmbito de uma prefeitura, estado ou país. As nações deveriam transferir mais suas políticas públicas que deram certo umas para outras. O mesmo vale para os estados e municípios, independente da sigla partidária. Deveria se criar mecanismos institucionais para que, independente de qualquer posição ideológica, os governos comunicassem mais entre si. E, consequentemente, prestassem maior ajuda mútua para aperfeiçoarem sempre e, cada vez mais, as práticas de gestão. O que deu certo em um lugar deveria ser transferido para outro, se considerando as especificidades de cada contexto.

Diego Brito

Algumas ideias para o sistema de transporte e trânsito no geral

Não é preciso dizer que o sistema de transporte público no Brasil e em outros países subdesenvolvidos ou em desenvolvimento é extremamente deficiente. Uso a palavra extremamente porque foi a que neste momento melhor encontrei para descrever o atual status deste sistema. Mas, se existir outra que acentue ainda mais suas deficiências, então não seria injusto utilizá-la. Sobretudo nos horários de pico nos grandes centros.

Problemas como superlotação, intervalos esparsos entre um ônibus e outro em muitas linhas e horários, veículos não raramente em mal estado de conservação, custo alto das passagens, etc. Aliado a isso ainda se tem os problemas referentes ao trânsito, falta de educação de alguns passageiros, demora das viagens devido às inúmeras paradas para entrada e saída de passageiros, entre outros. Muitos destes problemas ocorrem, principalmente, nos horários de pico. Os inúmeros problemas com o transporte público fazem com que as pessoas recorram mais ao transporte individual, para irem trabalhar e estudar (quando estudam). Ou seja, para se chegar ao local onde exercem essas atividades regulares, muitas pessoas optam pelo transporte individual ao invés do transporte público. Que, pelo menos teoricamente, tende a ser mais barato e não oferece os mesmos riscos quando comparado com o transporte individual.

Conversei com muitas pessoas que disseram optar pelo transporte individual devido às deficiências do transporte público. Mas se o público fosse melhor elas prefeririam utilizá-lo para irem ao trabalho em detrimento do individual. Devido aos custos e responsabilidades que o individual acarreta. Mais acima fiz uso da palavra regularidade de modo intencional. Porque a regularidade é a chave para a solução que proponho aqui. As mudanças podem trazer resultados positivos e negativos ao mesmo tempo. Como acontece às vezes com a utilização de um remédio que, apesar de aliviar os sintomas e\ou curar uma doença específica, pode resultar em efeitos colaterais. Se, por exemplo, melhorássemos o sistema de transporte público as pessoas tenderiam a utilizarem menos seus carros para se deslocarem ao trabalho ou escola (atividades regulares). Isso poderia fazer com que comprassem menos automóveis (o que na prática acredito que não ocorreria, porque as pessoas querem ter um carro para outros fins que não só o deslocamento para atividades regulares). Isto poderia afetar nossa tão importante indústria automobilística. Por outro lado, as pessoas também poderiam se sentir mais estimuladas a adquirirem um carro (ainda que reduzissem sua utilização para atividades regulares), simplesmente porque poderiam transitar com ele mais livremente por nossas estradas. Algo que não vem ocorrendo devido ao grande fluxo de automóveis. O ar ficaria menos poluído, o preço dos combustíveis fósseis diminuiria devido ao menor consumo e possível excedente. As pessoas ficariam menos estressadas em função do conforto da viagem, seja de carro ou ônibus. E, consequentemente, produziriam mais e melhor, tendendo a agirem com um pouco menos de truculência.

A maioria das pessoas que regularmente fazem uso do transporte coletivo pra irem ao trabalho ou escola tendem a utilizarem a mesma linha numa determinada faixa de horário. Sendo assim a solução é relativamente simples. Notemos antes que o gargalo do transporte público acontece, normalmente, nos horários de pico. Geralmente pela manhã quando as pessoas estão indo para o trabalho e no fim da tarde quando estão voltando. Excetuando esses horários de pico as condições do transporte e do trânsito são melhores. O que teria de ser feito é um cadastro das pessoas que pegam ônibus com regularidade, contendo a faixa de horários que utilizam tanto para sair quanto para voltar. A partir daí garantir-lhes um assento específico num ônibus tanto pra ida quanto para a volta. Para isso, obviamente, a frota teria que ser ampliada a um número suficiente de ônibus nestes horários para atenderem a demanda.

Quanto àqueles passageiros que usam o transporte esporadicamente, se poderia disponibilizar um linha específica com menos horários e\ou irem em pé num ônibus com assentos reservados. O mesmo valeria para aquele passageiro registrado que, por uma razão ou outra, não pode pegar o ônibus no horário programado. Ele teria então que pegar outro e ir em pé, caso não houvesse assento disponível, ou usar a linha destinada aos outros passageiros esporádicos. Um exemplo mais próximo da realidade do sistema que proponho se encontra nas empresas particulares que fornecem transporte para seus funcionários. Se, por exemplo, alguém pega o ônibus das 07h00min da manhã regularmente, precisa estar no ponto neste horário todos os dias. Porque, geralmente, não terá outro ônibus para substituí-lo. Mas, se por ventura o perder, terá que obrigatoriamente fazer uso do transporte público ou individual se quiser chegar ao trabalho. O mesmo vale para a volta.

Não seria realista dizer que progressivamente se poderia melhorar os ônibus em si, deixando-os mais confortáveis tanto para o motorista quanto para o passageiro. Eles poderiam, progressivamente, serem substituídos pelos modelos utilizados nos ônibus de viagem. Cada usuário teria sua carteirinha e bastaria apresentá-la para o motorista e\ou para a câmara. Os passageiros irregulares pagariam em dinheiro. Neste caso, como se vê, a presença dos trocadores seria desnecessária. O que geraria um problema, porque são muitas as pessoas que dependem deste trabalho. Mas existe uma solução. Como se ampliaria a frota dos ônibus, os atuais trocadores poderiam receber a qualificação necessária para se tornarem motoristas. Assim ocupariam as novas vagas para estes postos que seriam automaticamente criadas. Para compensar os novos custos das empresas o governo poderia oferecer incentivos fiscais e, talvez, se aumentar um pouco o preço das passagens. Além de disponibilizar empréstimos a juros baixos para a aquisição de mais e novos ônibus. Vale lembrar que não teriam mais os custos com trocadores neste modelo de transporte.

Outra medida é a instalação de um sistema de GPS nos ônibus e a criação de um portal. De modo que pela internet, em tempo real, o usuário ao acessar o portal poderia digitar os dados referentes ao ônibus que deseja informação e acessá-las imediatamente. Assim, se quiser saber exatamente onde o ônibus X se encontra e se tiver acesso à internet, poderá localizá-lo e se programar adequadamente antes de sair de casa ou depois de já estar nas ruas. Também não é preciso dizer que bilhões poderiam ser economizados para o governo em gastos com infraestrutura que hoje são necessárias, mas que poderiam deixar de ser. Os mesmos recursos poderiam ser direcionados a projetos de infraestrutura mais pertinentes para o momento. Uma vez que o tráfego de automóveis reduziria, bem como o desgaste das estradas. E, sendo assim, não precisaria se investir tanto em projetos de ampliação e\ou manutenção de ruas e estradas nas grandes cidades.

Parece um pouco ousado dizer isso, mas podemos pensar em maneiras que altere o horário padrão de funcionamento das instituições. Porque a grande maioria das instituições devem funcionar de 8:00 às 17:00? Porque não podemos pensar em outros horários além desses para se evitar o intenso tráfego nas grandes cidades nos horários de pico. Por exemplo, de 6:00 às 18:00. Neste caso se poderia pensar num meio de baratear os custos trabalhistas de modo que não gerem mais despesas para os empregadores e assim eles poderem contratar dois funcionários que trabalhem por 6 horas cada ao invés de um que trabalhava por 8. Não preciso nem dizer que do ponto de vista da geração de emprego é algo fantástico. Também se poderia pensar em desonerar mais ainda a folha de pagamento se o empregador contratasse pessoas por 4 horas diárias.

Para o trabalhador seria algo bom porque poderia trabalhar menos se quisesse. Para o empregador também, porque suas empresas funcionariam por mais tempo e seus empregados ficariam mais produtivos por razões obvias. Para ganhar mais, bastava optar por uma vaga de 6 ou 8 horas diárias conforme as suas necessidades. Uma vez que os diferentes regimes de trabalho existiriam. O trânsito de pessoas que vão e vêm para o trabalho, bem como dos clientes, se dispersaria mais com este maior intervalo de tempo. E, consequente, se reduziria o tráfego de veículos e o trânsito de pessoas nos horários mais críticos. Outras medidas já intensamente discutidas como o teletrabalho, ciclovias e rodízio de veículos, obviamente, poderiam ser estimuladas.

Diego Brito

Algumas ideias para um manual acerca das instituições\programas

Penso que não seria uma ideia ruim a criação de uma espécie de manual acerca do funcionamento das instituições e programas do governo, de forma resumida e centralizada. Disponibilizar em apenas um portal o funcionamento de programas como o Prouni, farmácias populares, informações resumidas sobre o PIS, direitos dos idosos, crianças e adolescentes, aposentadoria, Cartão do SUS e funcionamento de marcação de consultas, Bolsa Família, Brasil Sorridente, Brasil Carinhoso, seguro-desemprego e outros. Desta forma essas informações não ficariam mais fragmentadas em diferentes mídias. Obviamente, não sugiro duplicidade de meios contendo a mesma informação, e sim resumos e links que apontam para as informações integrais armazenadas nos locais específicos. Trata-se, antes de tudo, de um meio para melhor se organizar as informações, bem como facilitar a localização daquilo que se procura. O mesmo poderia ser feito no plano estadual com seus respectivos programas.

Diego Brito

Algumas ideias acerca de um banco de dados cidadão

O que proponho aqui nada mais é que uma espécie de SENSO mais completo e dinâmico. Onde além das atuais iniciativas por parte dos órgãos governamentais de extrair e sistematizar dados socioeconômicos sobre a população aperfeiçoasse e expandisse cada vez mais esses sistemas de extração de dados e cadastro. Os próprios cidadãos poderiam ter acesso a seu cadastro on-line para mantê-lo atualizado. Além de se pensar em outras iniciativas para estimular as pessoas a manterem seus dados atualizados. É verdade que em nosso país e outros, ainda muitas pessoas não têm acesso à internet e, nem o hábito de acessá-la. No momento em que uma pessoa vier a fazer uso de um serviço público a oportunidade poderia ser aproveitada para atualizar seu cadastro. A razão disso é bem óbvia, tudo o que um governo fará depende de informações confiáveis acerca dos cidadãos. As políticas públicas, de qualquer tipo, seriam muito melhor elaboradas se o governo tivesse acesso a um conjunto de dados confiáveis a acerca dos cidadãos de seu país. Como número de habitantes, famílias, características dessas famílias (um, dois, três ou mais membros), pessoas trabalhando por família, número de crianças, adolescentes, adultos e idosos. Número de mulheres e homens, bem como suas faixa etária, profissão, se estão trabalhando ou não, renda individual, se possui ou não casa própria, estado da habitação, escolaridade, se possui queixas referentes a administração municipal, estadual ou federal. Se sim, quais. Por exemplo, mal estado de conservação das ruas como poeira e buracos, atendimento médico deficiente, etc. Se executam alguma atividade caso não estejam empregados e\ou possui um negócio. Histórico de doenças, se fumante, bebe e\ou faz uso de entorpecentes. Histórico de trabalhos e todas as informações que julgarem pertinentes. As empresas querem conhecer tudo sobre seus consumidores para assim poderem oferecer produtos e serviços que os atenda cada vez melhor. Os governos, no meu ponto de vista, deveriam fazer o mesmo. Obviamente, como acontece com algumas empresas, existe o risco dessas informações serem utilizadas indevidamente por parte de alguns agentes públicos. Mas os benefícios são muito maiores que os riscos. O eficiente planejamento de estado depende disso.

Um deles está na possibilidade de se mapear com mais precisão as pessoas que se encontram em estado de vulnerabilidade social. A partir daí se tentar levar algum tipo de ajuda a elas, como já vem acontecendo no Brasil. Outra medida seria localizar as famílias e\ou pessoas que se encontram em estado de vulnerabilidade social e que já possuem filhos, oferecendo a elas gratuitamente e sem impeditivos burocráticos, a possibilidade de se fazer uma cirurgia de vasectomia ou ligação de trompas. Pensemos numa família que vive no sertão nordestino brasileiro composta pelo casal e mais cinco crianças e que não têm nem mesmo água para beber. Certamente seriam bons candidatos à cirurgia. Ou num viciado em crack que não consegue nem mesmo sustentar o próprio vício. Ou numa família que mora nas ruas da cidade de São Paulo. Sejamos realistas, mesmo para uma família da classe média é difícil viver com um mínimo de dignidade neste sistema. Imaginemos então o quão é difícil para pessoas nestas condições ascenderem socialmente.

Recentemente Thor Batista, filho do bilionário Eike Batista, realizou uma vasectomia e armazenou seu esperma numa clínica especializada. Talvez, se este procedimento fosse realizado em grande escala, os custos poderiam ser significativamente reduzidos e mais pessoas poderiam adotá-lo.

Diego Brito

Algumas ideias para o sistema educacional

Falar do sistema educacional, como acontece com o sistema de saúde, é algo muito delicado e complexo. Existem muitas pesquisas sobre o tema e variadas proposta para seu aperfeiçoamento. Sem contar os muitos e brilhantes profissionais que atuam na área e que estão sempre sugerindo alternativas para melhorarem o sistema. Seja por meio de entrevistas, publicação de livros e artigos, elaboração de projetos e assessoria direta aos governos. Não estou aqui, de modo algum, para dizer que o sistema educacional brasileiro e de outros países em desenvolvimento não funcionam e que os governantes nada vêm fazendo para melhorar. Isto não é verdade.

Penso ser mais honesto dizer que o sistema educacional público brasileiro e adjacentes, baseando-me nos conhecimentos que possuo, não funcionam da melhor maneira possível. Ou de modo bom o suficiente para atender a demanda que se propõe a atender. Preparando seus alunos para enfrentarem os desafios que o século XXI lhes impõem. Destaco como objetivos do sistema a formação de cidadãos críticos e participativos. Ao mesmo tempo em que trabalha para o desenvolvimento das bases tecnocientíficas necessárias para o exercício pleno de uma profissão moderna. No momento em que escrevo este texto se discute no congresso brasileiro medidas para se ampliar o financiamento da educação pública. Na mídia, especialistas no assunto, argumentam que não basta ampliar os investimentos é preciso também melhorar a eficiência do sistema.

Ou seja, é preciso gastar melhor. O que aqui vou dizer, como fiz nos outros tópicas, é sugerir algumas possíveis melhorias. Não pretendo reinventar a roda ou sugerir propostas que irão mudar radicalmente o mundo e solucionar todos os problemas da humanidade. Nada disso. Na verdade os programas sociais são complementares e interdependentes. Não sendo difícil perceber isso. Porque se uma criança não alimenta adequadamente seu processo de aprendizado ficará comprometido. Consequentemente, no futuro, tenderá a não ser um bom profissional. E, talvez, um bom cidadão. Se um profissional da educação não é remunerado adequadamente existem grandes possibilidades de não executar tão bem o seu trabalho, uma vez que não poderá cuidar bem de si. Menos ainda dos seus conhecimentos e postura. Isto não quer dizer que mesmo com as adversidades muitos professores não executem com excelência suas atividades.

Mais por suas características individuais e menos pelos incentivos e condições. Se uma pessoa está doente física e mentalmente ela terá obstáculos bem maiores para o aprendizado. Se uma criança vive num ambiente conturbado, o mesmo acontece. Não é preciso citar a relação entre uma habitação digna e o processo de aprendizagem. Ou da necessidade de lazer e diversão para que o sujeito não se deprima e enfrente o difícil e, às vezes nem sempre prazeroso, processo de aprendizagem. Com advento da sociedade da informação e do conhecimento, também chamada de Sociedade Pós-Moderna, a economia de uma nação se entrelaça profundamente ao nível de instrução da sua população. A Coreia do Sul, por exemplo, tem um ministério chamado de Ministério da Economia do Conhecimento. O que denota o quão importante é aquilo que chamamos de conhecimento para a economia do século XXI e adiante.

Isso não quer dizer que deixaremos de depender de setores como agricultura, pecuária, extrativismo, construção civil e a indústria de base. Nada disso. A economia de um país sempre dependerá desses setores. Seja como produtor e\ou consumidor dos produtos advindos dessas atividades. O que de fato muda nesses setores é a maneira como as atividades são realizadas. Cada vez mais os processos também nestes setores vêm sendo automatizados. Diminuindo progressivamente a dependência de mão de obra humana para a execução direta das atividades.

Por outro lado, à medida que esses postos de trabalho vêm desaparecendo, outros vão sendo gerados nos setores da economia que produzem os meios necessários para a automatização dos processos e sua manutenção. Como as engenharias, robótica, computação, etc. Sendo assim, se os países em desenvolvimento quiserem cada vez mais extrair uma parcela do bolo desses "novos" cenários da economia que se desenham, precisam investir cada vez mais em educação. E, principalmente, da maneira correta. Como, em alguma medida, a China já vem fazendo. Não pretendo dizer qual é a maneira correta de se investir os recursos destinados a educação. Muito menos dizer que existe apenas uma única maneira correta de se fazer isso. O máximo que posso fazer aqui é sugerir algumas medidas para a melhoria. Uma vez que não é possível apontar um caminho comum a todos. Pois é necessário se considerar as especificidades que cada caso requer. Além do mais existem muitos trabalhos elaborados por profissionais de altíssimas competências voltados especificamente para este tema pra quem se interessar.

Neste caso, sobretudo, vale lembrar Morin que defende a ideia do desenvolvimento de um meta ponto de vista que comporte mais de um ponto de vista. O que penso então é que, além de nos prepararmos para competir na economia do conhecimento, temos também, pela via da educação, trabalhar concomitantemente os conceitos de cidadania. Aqui entra uma questão mais pessoal que necessariamente técnica. Algo que tem mais a ver com o que penso a cerca do ser humano e do papel da educação que, necessariamente, com as medidas concretas para se atingir um determinado fim. Em outras palavras, algo mais relacionado com a minha subjetividade. Isto quer dizer que outras pessoas podem pensar diferente de mim. E ao mesmo tempo, em suas perspectivas, estarem com razão. Porque se de um lado acredito que devemos nos desenvolver tecnicamente, por outro acredito que devemos também nos desenvolver enquanto seres humanos e cidadãos.

Desenvolvermo-nos também enquanto pessoas críticas, combativas e pensadoras. Porque pra mim, a função última da educação, não é a de transformar um ser humano num robô insensível. Capaz de efetuar milhares de cálculos e de projetar os mais sofisticados equipamentos. Porque pra mim devemos sim nos desenvolver tecnicamente e a aprender os mais íntimos fenômenos da natureza e do universo. O que não podemos é deixar que neste processo nossa natureza humana seja agredida, transformada. O que não podemos é deixar de agir e pensar como um humano, só porque estudamos o inanimado. Ao menos pra mim este não é o caminho. Sinto-me muito mais confortável e seguro quando a educação exerce também o papel de despertar o sujeito para a cidadania. Quando ajuda o indivíduo a compreender que seu desenvolvimento

114

técnico-científico é necessário, mas que deve ser colocado em função do bem comum. Que o papel da educação e das ciências não é o de apenas formar um profissional competente que será bem recompensado economicamente no futuro. E, por visar maiores ganhos, tenderá a buscar aperfeiçoamento constante de suas competências. Consequentemente, portanto, tenderá a prestar serviços melhores a sociedade.

Penso que a educação deveria despertar nas pessoas o desejo sincero de prestar para si e a coletividade um bom trabalho. Antes mesmo de o sujeito intencionar a obter para si os maiores ganhos possíveis. Pois nem sempre haverá harmonia entre os dois projetos, o do bem coletivo com o do bem puramente individual. Alguém pode, por exemplo, inventar uma arma poderosa e se beneficiar com isso. Mas seu benefício pessoal poderá custar à vida de muitos. Um indivíduo pode se beneficiar lesando o patrimônio público, mas agindo assim prejudicará a muitos. Não estou dizendo o que processo educativo deva ter como meta formar anjos e santos dotados de conhecimentos técnico-científicos. Mas sim pessoas normais comprometidas com a coletividade e dotadas de ferramentas úteis para a promoção de um espaço melhor pra si viver. Pessoas com competências técnicas, mas também envolvidas com os dilemas sociais vivenciados pela humanidade. Engajadas politicamente em causas que lutam por um mundo melhor. Entretanto, ao olhar para o presente, também não desestímulo os indivíduos a pensarem em si. Porque se eles não o fizerem quem o fará? Se não defenderem seus próprios interesses e de suas famílias quem defenderá? Se de um lado tem-se urgência de um processo educativo que capacite os indivíduos tecnicamente e lhes desperte para a cidadania. Por outro, existe também, a necessidade de se criar um ambiente no qual as pessoas sintam-se mais protegidas e seguras e não precisem pensar tanto em si.

Voltando para o mundo do trabalho e para a economia do conhecimento podemos fazer mais algumas reflexões. A começar pela indagação sobre o porquê de estarmos falando de trabalho num espaço que deveria ser destinado a se propor melhorias para o sistema educacional. A razão é simples, porque a antes de se falar em educação é preciso saber para que se educa. E, uma das funções da educação, é a de preparar os indivíduos para o mundo do trabalho. Logo, para isso, precisamos antes conhecer um pouco sobre o mundo do trabalho que nos aguarda. Sabemos que muitas das pessoas que formam não trabalham precisamente nas áreas em que formaram. E, que mesmo que suas carteiras sejam assinadas com a profissão de formação, não executam àquilo que de fato gostariam de fazer. Não é incomum se ver engenheiros executando atividades administrativas e administradores trabalhando como caixas e atendentes. O fato é que os bons empregos não são muitos.

Existe um grande número de jovens desejando tornarem-se jogadores de futebol, mas uma pequena parcela deles irá de fato se profissionalizar. E, entre os profissionais, poucos se destacarão como o Messi. O mesmo ocorre entre os escritores, modelos, artistas e outros profissionais. O cargo de presidente da república parece ser bom, mas só existe um. Nem todos os professores se tornaram cientistas e nem todos cientistas se destacarão como Einstein. Nossa sociedade foi estruturada assim e, até que mude, é nela que temos que conquistar nosso espaço. O que percebo ser viável é se trabalhar para melhorar as condições das profissões de modo geral. Geralmente não tão glamorosas como as citadas acima e, desta forma fazer, um número maior de pessoas um pouco mais felizes. A educação, portanto, é um dos caminhos pra isso. Não que, ao automatizarmos os processos, no mundo deixará de existir os trabalhos mais rústicos. Isso talvez não venha a acontecer, mas eles certamente serão reduzidos. Se de um lado a automação traz benefícios do outro pode trazer malefícios.

O problema do desemprego na Europa, em parte, se deve a automação dos processos. Como a mão de obra é cara nos países desenvolvidos, o caminho natural e mais viável para os capitalistas é a automação e a transferência de suas indústrias para lugares onde a mão de obra é mais barata. O que acredito que temos e podemos fazer é nos preparar para esta realidade, bem como para o futuro. E, qualquer que seja o caminho que desejamos seguir, ele deve passar pela educação. Para isso precisamos aperfeiçoar nossa educação de base e trabalhar melhor o ensino das ciências. Sobretudo das exatas, como matemática e física. Uma vez que parece existir uma dificuldade maior por parte dos alunos nessas áreas. E, as profissões voltadas para as áreas de tecnologia, são bastante dependentes dessas matérias. Não concordo com a ideia que não se deve investir na educação superior, deixando os indivíduos desassistidos neste campo, porque os estudos devem ser continuados. Lembro-me de ter lido um artigo que defendia este argumento e que citava a Inglaterra como exemplo. Já outro artigo explicava o aumento da prostituição entre as jovens da classe média do país dizendo que a causa estava na dificuldade para se arcar com os custos do ensino superior.

Temos sim que investir numa boa educação de base e se formar jovens como o americano que com apenas 15 anos revolucionou o diagnóstico do câncer. Mas também temos que investir na formação superior e se criar oportunidades para que o maior número possível de pessoas possam dar continuidade a seus estudos. Sou favorável a proposta de que as vagas nas universidades públicas sejam reservadas de forma proporcional em relação ao número de alunos que estudaram em escolas públicas e privadas. Para exemplificar vamos pegar alguns números aleatórios. Suponhamos que existissem

1000 vagas disponíveis nas universidades públicas, 10.000 candidatos que estudaram em escolas públicas e 1000 em escolas particulares. Logo, das 1000 vagas disponíveis 910 seriam destinadas aos alunos provenientes de escolas públicas e 90 para os alunos provenientes de escolas particulares.

No caso de programas como o Prouni penso que se deveria avaliar se o candidato a uma vaga tem ou não condições atuais de pagar pelo curso. E não apenas se ele é proveniente de escola pública. Porque ele pode ter estudado a maior parte de sua vida em escola particular, mas no presente não ter condições de arcar com os custos de um curso superior. Não sou o primeiro a criticar o sistema de vestibular. Porque o sujeito estuda durante quase toda a vida passando por várias etapas e, ao se chegar o momento de entrar na universidade, precisa novamente estudar tudo o que teoricamente já havia estudado e aprendido. Porque, na verdade, se não tiver aprendido não deveria nem passar para a próxima etapa. Uma vez que o processo de aprendizagem é sequencial. Uma etapa tende a depender da outra. Ao se concluir o ensino médio o estudante já deveria ter adquirido as bases necessárias para ingressar numa formação superior. Sou simpático a maior flexibilização dos currículos já na formação de base. Onde uma parte dos conteúdos a serem estudados sejam fixos e comuns a todos que estejam numa determinada etapa e outra parte fique a escolha do aluno.

Assim se, hipoteticamente para concluir o ensino básico precisasse estudar 10.000 horas, 6.000 delas seriam destinadas a conteúdos pré-determinados e as outras 4.000 horas a conteúdos de sua escolha. Desta maneira os estudantes teriam melhores condições de, desde cedo, direcionarem seus estudos para as áreas de que mais gostam e que tenham vocação. Os melhores colocados, nas áreas em que cursaram um número de horas maior, já poderiam ser contemplados com uma vaga de um curso superior em uma universidade pública em áreas afins a que se destacou. Se, por exemplo, o estudante se destacou em matemática então seria contemplado com uma vaga num curso nas ciências exatas. Precisamos dar prioridade, obviamente, ao preenchimento das necessidades básicas no que diz respeito a estruturação das escolas públicas. Tais como cadeiras, mesas, pintura, instalações sanitárias, etc. Uma vez se preenchendo o básico temos que pensar em incluir cada vez mais os recursos tecnológicos que podem ajudar no processo educativo. Tais com data shows, laboratórios de computadores com acesso a internet, softwares educativos e, porque não, os tablets. Gosto muito da ideia das bibliotecas eletrônicas, mas é preciso criá-las e divulgá-las. Como acontece com qualquer outra instituição que deseja ser conhecida. Todas as escolas deveriam ter um site próprio e poderíamos criar um portal único que centraliza-se as informações básicas sobre as escolas como, em alguma medida, os bancos fazem com suas agências.

Ficaria inviável se criar laboratórios de química, física, biologia e outros para cada escola. Mas podemos pensar num meio de criar laboratórios que pudessem ser compartilhados pelas escolas que se encontram em uma determinada região, independente de serem municipais, estaduais ou federais.

Uma medida que penso ser revolucionária e que já vem acontecendo no mundo são as vídeos aulas. Os governos poderiam investir mais neste projeto e elaborar videoaulas que abrangessem todo o conteúdo do ensino básico ao médio. Essas vídeos aulas poderiam ser gratuitamente disponibilizadas na internet através da criação de uma academia virtual. Todos poderiam acessá-la e os professores deveriam utilizá-las mais. Sendo assim, o valioso tempo em sala de aula, seria menos utilizado com explicações repetitivas e mais na promoção de discussões e esclarecimento de dúvidas gerais ou específicas. Bem como na resolução de exercícios. Uma parte das disciplinas poderiam ser cursadas a distância.

Poderíamos pensar em outro sistema de avaliação que não o atual, mais centralizado. Um sistema, em alguma medida, semelhante ao do ENEM. Em vez de cada professor e cada escola elaborar suas próprias provas criássemos um sistema centralizado de avaliação válido para todo país. Assim, um aluno da oitava série que estuda numa escola municipal numa cidadezinha no Amazonas, faria a mesma prova que um aluno que reside na cidade de São Paulo e estuda numa escola estadual. Desta forma daríamos um grande passo no nivelamento dos conhecimentos dos alunos. Não podemos mais ter medo de saber que não sabemos. Precisamos da coragem necessária para encaramos o fato de que ainda precisamos aprender àquilo que já deveríamos ter aprendido, quando o caso. Só assim poderemos combater os problemas de aprendizagem. Trata-se, sem dúvida, de um sistema complexo de avaliação. Basta ver os muitos problemas naturais por quais frequentemente passam o ENEM. Mas penso ser um caminho necessário. Assim saberemos realmente qual o nível de conhecimento de cada aluno, independente de onde esteja localizado.

Desta forma as adequações necessárias poderão ser realizadas. Não podemos mais enganar a nós mesmos. Mantendo de um lado um professor que finge ensinar e do outro um aluno que finge aprender. Chega disto. Notemos que com um currículo flexível tratamos de dar a oportunidade de os alunos individualizarem mais suas preferências. Oferecendo-lhes mais liberdade de escolha. Centralizando o processo de avaliação, ou parte dele, nos certificamos que alunos aprenderam àquilo que se dispuseram a aprender. Outra medida é separar as disciplinas como num curso superior. Assim o aluno já não mais terá que repetir, por exemplo, a série A ou B e sim as disciplinas nas quais foi reprovado. Ao concluir todas as disciplinas necessárias para mudar de ciclo ele estará apto a passar para uma nova etapa. Porque se o sujeito não foi bem em português, por exemplo, e foi bem nas outras matérias, ele terá que repetir somente os conteúdos que mostrou não ter fixado. Por qual razão teria que repetir tudo novamente? Se ele não sabe gramática, mas sabe interpretação de texto, então deveria repetir o curso de gramática somente. E não de conteúdos que já tem domínio. Isso deveria ser identificado. Não há nada pior do que ter que estudar àquilo que já se sabe. É uma verdadeira ofensa a inteligência do sujeito.

Como já disse, a função dos serviços públicos no atual sistema, teria de ser a de atender somente aqueles que não têm condições de pagar por um serviço particular. Trata-se de um modo de se tentar reduzir as desigualdades econômicas existentes. Também pelo fato de que os estados não têm recursos o suficiente para prestarem um serviço de qualidade para toda a população. Se os governos aumentarem muito os seus gastos e verem-se obrigados a aumentarem os impostos sobre o sistema produtivo, as empresas não conseguirão mais competir e terão que fechar. Acontecendo isso se reduz ainda mais a arrecadação e os empregos e os governos precisarão aumentar ainda mais o impostos. Isto para cobrirem as despesas que antes eram compartilhadas com mais contribuintes. Faço toda essa explanação só para dizer que não existe mágica nas contas públicas. Por isso penso que se uma determinada família pode pagar pela educação de seus filhos ela deve fazê-lo. Aumentado as possibilidades que seus filhos tenham acesso a um sistema educacional melhor. Sendo assim, todos que se enquadram dentro de uma determinada facha de renda e têm filhos em idade escolar, no meu ponto de vista, deveriam dar uma pequena contribuição mensal para ajudar a custear o sistema educacional público. Os recursos poderiam, por exemplo, irem direto para a conta da escola onde o filho do contribuinte estuda.

Diego Brito

Algumas ideias acerca de problemas que acometem o continente africano

Desde já admito não ser um grande conhecedor do continente Africano e, certamente, não devo saber mais sobre ele do que a grande maioria da população. Acontece que no mundo globalizado e informatizado o trânsito de informações entre as nações e sobre as nações é significativo. Sendo assim, mesmo não sendo especialista em determinados assuntos, as pessoas tendem a ser "bem" informadas sobre diferentes conteúdos.

O caso da Síria e da Primavera Árabe consiste num bom exemplo. Mesmo às vezes não se conhecendo aspectos mais específicos acerca do país e dos acontecimentos, como os outros conflitos que antecederam a este, as diferentes etnias que pertencem a população do país, a composição do governo e sua organização, bem como outros. Mesmo assim, devido principalmente à cobertura da mídia, muito acabamos por conhecer a cerca do país e do conflito. Essas informações, por si só, já nos servem de elementos para confeccionar uma opinião. Consiste no meu caso atual com relação ao continente africano e a alguns dos problemas que os acometem. Na verdade refleti um pouco sobre essas questões e cheguei a algumas conclusões. O grande filósofo Auguste Conte, criador da sociologia e pai do Positivismo, disse que as sociedades menos desenvolvidas tendem a evoluírem para o estágio das mais desenvolvidas de modo gradativo. Se isso é verdade, então com o tempo, o continente Africano também se desenvolverá.

A questão é quanto tempo isso levará e como o presente será tratado. Para que a maioria das nações africanas cheguem ao estágio de desenvolvimento do Brasil, por exemplo, levarão muitos anos, por mais que se haja investimentos. A China, por mais de 30 anos, vem crescendo acima de qualquer outra nação no mundo e, mesmo assim, ainda mais de meio bilhão de pessoas vivem em condições precárias. Isto também não quer dizer que o outro bilhão esteja vivendo bem por lá. Nos E.U.A, a nação com a maior economia do mundo, muitas pessoas ainda não têm suas próprias casas, cobertura médica, educação de qualidade e acessível, emprego e outras coisas. Quantos estão na fila de espera na Venezuela aguardando ansiosamente por suas casas? O que quero redizer é sobre o quão é difícil se criar a infraestrutura necessária para que uma pessoa e\ou família tenha acesso ao mínimo dos recursos básicos para uma vida nos padrões da civilização moderna. Logo, o que penso que deveria ser feito em grande escala (se já não está sendo) e como medidas "provisórias", até que se criem condições para o povo se estruturar melhor são:

Habitação: Atualmente muitos dos habitantes do continente vivem em tendas mal estruturadas feitas de barro, folhas e galhos de árvores. O que poderia ser feito são tendas e\ou barracas industrializadas maiores e mais resistentes a penetração do frio, do sol e da chuva. Contendo também um piso artificial. Assim ficariam, em curto prazo, melhor protegidos das intempéries do tempo, insetos e outros animais. Poder-se-ia em conjunto fornecer banheiros químicos ou públicos em número suficiente para uso da comunidade.

Alimentação: Como já disse em outra oportunidade individualizar os "processos domésticos" é algo muito caro e difícil. O capitalismo possibilitou isso (o que considero um avanço) porque precisou criar consumidores para escoar a produção em massa. Não faz muito tempo que poucos tinham acesso, por exemplo, ao transporte individual. Poder-se-ia criar gradativamente restaurantes populares (refeições a custo zero) em grande escala (menos em tamanho e mais em quantidade) para atender as muitas comunidades do continente. Os próprios governos poderiam assumir, em parceria com a população, a produção em grande escala dos alimentos (os opositores da ideia podem dizer qualquer coisa, menos que na África não é possível plantar). De fato o financiamento disso não é fácil, mas se os recursos advindos de doações, venda de matérias-primas e de outras fontes forem administrados adequadamente, algo neste sentido pode ser feito. Afinal, se um povo não tem alimento, que futuro esse povo pode ter? O suprimento dessa necessidade básica não deveria ser prioritária? Tenho ciência do quanto esses projetos são de difíceis implantação. Um bom exemplo se encontra na região do nordeste brasileiro, que faz muito tempo vem sendo castigada pela seca. O ex-presidente Lula, inclusive, comprou uma briga gigantesca com a transposição do rio São Francisco. No subsolo da região se encontra um dos maiores lençóis freáticos do mundo e, atualmente, estamos desenvolvendo avançadas tecnologias para perfuração de poços de petróleo em alta profundidade no mar. Porque então investimentos suficientes não são feitos (Na verdade já não foram feitos no passado. Pois água não é prioridade?) para levar água adequadamente àquela população?

AIDS: A população do continente vem sendo dizimada pela doença. Bill Gates, através de sua fundação, parece ter se interessado pelo problema e vem defendendo algumas medidas práticas como a circuncisão. É de fato um problema gravíssimo que envolve vários fatores, do educacional ao socioeconômico. Se pensarmos bem, mesmo em nações mais desenvolvidas e com populações mais esclarecidas, este problema vem crescendo. O fator educacional às vezes é insuficiente, mas imprescindível. Atualmente é possível fazer testes para se detectar a doença a um custo baixo e com resultados relativamente rápidos. Acaba de ser aprovado nos Estados Unidos a utilização de um medicamento para se prevenir a AIDS que teve 73% de eficácia, o Truvada. Um bom cenário seria a detecção e o cadastramento das pessoas ainda não infectadas que fazem parte de um grupo de risco e disponibilizar gratuitamente a elas o medicamento. Para as pessoas comprovadamente infectadas se poderia pensar em fazer uma tatuagem numa região íntima e instruir a população acerca do significado do símbolo. Desta forma se tentaria evitar novas infecções, partindo do princípio que um parceiro tenderia a evitar manter relações sexuais com outro infectado. Principalmente em se tratando de sexo casual. Periodicamente a população não infectada passaria por novos exames para atualização do registro. De fato, parece ser uma medida agressiva e que até fere os direitos humanos. Mas talvez possa ser adotada de forma consensual, através de incentivos. Infelizmente, as pessoas tendem a não ser transparentes e cuidadosas para com os outros. No meu ponto de vista esta medida é muito menos agressiva que a morte de um novo infectado. Aliado a esta medida se poderia criar grupos de relacionamentos entre as pessoas infectadas para que possam formar parceiros entre si e assim diminuir o risco de novas contaminações. Existem muitos interesses econômicos em torno desta doença e em nome de discursos humanistas estas ideias podem encontrar grande oposição.

Fundo de ajuda à África: Poderíamos tentar criar um fundo para ajudar a África. Onde não apenas governos e instituições fizessem doações vultosas, mas todos nós. Imaginemos se todos os meses fossem descontados com o aval da pessoa apenas um dólar da folha de pagamento de cada indivíduo empregado no mundo e se este dinheiro fosse direcionado para o continente Africano. Para que isso aconteça tudo o que deve ser feito resume-se em os empregadores perguntarem a seus funcionários se autorizam descontar de seus pagamentos esta quantia, nada mais. Na verdade, antes disso, os governos deveriam instruir os empregadores e estimulá-los a fazerem isso. Além dos governos criarem instrumentos para o arrecadamento e gerenciamento dos recursos. No meu ponto de vista trata-se de um bom começo. Afinal gastamos tanto com supérfluos, será que não podemos todos os meses investir um dólar para salvar milhares de vidas? Afinal, para quê então estamos aqui?

Diego Brito

Algumas palavras finais

"Depois de Hawking nos foi possível perceber que não é tarefa exclusiva do corpo nos levar a distâncias longínquas, e sim das nossas ideias."

Espero com esse trabalho ter abordado um pouco dos muitos problemas que acometem, principalmente, os países subdesenvolvidos e em desenvolvimento. Como disse, essas possíveis soluções podem não ser as melhores, mas me pareceram ser boas o suficiente para amenizar alguns dos problemas que hoje acometem muitos povos. Tenho ciência das dificuldades de se implantá-las e das implicações que elas envolvem.

De modo algum intentei prejudicar a quem quer que seja. Longe disso. Mas infelizmente as mudanças podem, às vezes, não beneficiar a todos. Quando os CDs foram criados os fabricantes de disco de vinil foram prejudicados, o mesmo aconteceu com a invenção das câmeras digitais para os fabricantes de filmes. A invenção do correio eletrônico pode ter prejudicado o serviço de entrega de correspondências dos correios convencional, mas facilitou a comunicação. O fim do regime de escravidão prejudicou os fazendeiros, mas beneficiou os industriais e a humanidade como um todo. É assim que o processo de evolução das instituições funciona. A pergunta pela qual me norteei foi sobre quais políticas públicas poderiam ser adotadas para se beneficiar o maior número possível de pessoas. Partindo desta indagação cheguei às conclusões acima. Sinceramente espero que algumas dessas ideias possam ser úteis e que sejam transformadas em medidas concretas. Ainda que, às vezes, seja frustrante ver a falta de iniciativa e interesse de alguns (e não todos) de nossos representantes.

O consolo é que ao menos nós, o povo, podemos aproveitar deste momento de relativa democracia para nos expressarmos, mesmo que muitas vezes não sejamos ouvidos. No fim das contas faço isso porque me deixa feliz ver as pessoas sorrindo, as crianças brincando, os jovens conseguindo emprego, os idosos sendo tratados com respeito e as famílias unidas. Porque acredito ser correto um doente receber um tratamento digno, que os estudantes aprendam e que as pessoas sejam transportadas com um mínimo de dignidade. Porque ainda acredito na democracia, na capacidade das pessoas, no bem coletivo, na abertura ao novo e ao diferente. Porque não me sinto bem de ter um monte de coisas (objetivas e subjetivas) que os outros não têm. Uma vez que o sofrimento e a desgraça alheia não me divertem. E, por ainda, me sentir conectado a humanidade e a seus problemas. Se olhasse para o mundo e não acreditasse na possibilidade de se encontrar soluções práticas e concretas para esses e outros problemas, então; sinceramente, não gostaria de ter consciência. Preferiria viver como os outros animais. Porque um ser humano sem esperança não vale a pena ser. Porque eu também, como você, sonho em viver num mundo melhor. Se no fim das contas essas ideias não ressoarem, por alguma "justificativa" ou outra, então fica ao menos o exemplo da minha iniciativa e a esperança de um futuro melhor, realmente, para todos.

Algumas ideias para um(a) presidente(a) da república

John Lennon

Imagine

Imagine que não exista nenhum paraíso,
É fácil se você tentar.
Nenhum inferno abaixo de nós,
Sobre nós apenas o firmamento.
Imagine todas as pessoas
Vivendo pelo hoje...

Imagine que não exista nenhum país,
Não é difícil de fazer.
Nada porque matar ou porque morrer,
Nenhuma religião também.
Imagine todas as pessoas
Vivendo a vida em paz...

Imagine nenhuma propriedade,
Eu me pergunto se você consegue.
Nenhuma necessidade de ganância ou fome,
Uma fraternidade de homens.
Imagine todas as pessoas
Compartilhando o mundo todo.

Diego Brito

Você talvez diga que sou um sonhador,
Mas eu não o único.
Eu espero que algum dia você junte-se a nós,
E o mundo viverá como um único.

Referências bibliográficas

ALVES-MAZZOTTI, A.J. O método nas ciências sociais. In: O método nas ciências naturais e sociais: pesquisa quantitativa e qualitativa. 2.ed. São Paulo: Pioneira, 1999.

BARRY & RICK. A estratégia de Barack Obama. Rio de Janeiro: Elsevier, 2009.

CÉSAR, Willian. Nas trilhas do trabalho comunitário e social: teoria, método e prática. Petrópolis: Vozes, 2001.

COVEY, Stephen. Os sete hábitos das pessoas altamente eficazes. Rio de Janeiro: Best Seller, 2009.

FREIRE, P. Ação cultural para a liberdade. 4.ed. Rio de Janeiro: Paz e Terra, 1979.

FREIRE, P., FAUNDEZ, A. Por uma pedagogia da pergunta. 4.ed. Rio de Janeiro: Paz e Terra, 1998.

FREIRE, P. *Pedagogia do oprimido*. 9. ed. Rio de Janeiro: Paz & Terra,1981.

FREIRE, P. *Pedagogia da esperança:* um reencontro com a pedagogia do oprimido. Rio de Janeiro: Paz & Terra, 1992.

FREIRE, P. *Pedagogia da autonomia:* saberes necessá-rios à prática
educativa. Rio de Janeiro: Paz & Terra, 1996.

FREUD, Sigmund.   O mal estar da civilização. Lisboa: Relógio D'agua, 2008.

FOCAULT, Michael . Vigiar e Punir. 36. ed. Petrópolis: Vozes, 2007.

FOCAULT, Michael . Microfísica do poder. 25. ed. São Paulo: Paz e Terra, 2012.

GOLEMAN, Daniel. Inteligência emocional. Rio de Janeiro: Objetiva, 1996.

JEREMY & TONY. Competindo na terceira onda: os 10 mandamentos da era da informação. Rio de Janeiro: Campus, 2000.

LOURDES, Maria. O que é cidadania. 3,ed. São Paulo: Brasiliense, 1995.

LUCIA, Maria. Psicopedagogia clínica: uma visão diagnóstica. Porto Alegre: Artes Médicas, 1994.

DE MASI, Domenico. O Ócio Criativo. Rio de Janeiro: Sextante, 2000.

DE MASI, Domenico. A Emoção e a Regra. Rio de Janeiro: José Olympio, 1997.

DE MASI, Domenico. O Futuro do Trabalho. Rio de Janeiro: José Olympio, 2003.

DE MASI, Domenico. Criatividade e Grupos Criativos. Rio de Janeiro: Sextante, 2003.

MORIN, Edgar. Os Sete Saberes necessários à educação do futuro. Cortez, 2000.

NUNES, Guida. Rio Metrópole de 300 Favelas. Petrópolis: Vozes, 1976.

OBAMA, Barack. A audácia da esperança: reflexões sobre a reconquista do sonho americano. São Paulo: Larousse, 2007.

PIAJET, Jean. A equilibração das estruturas cognitivas: problema central do desenvolvimento. Rio de Janeiro: Zahar, 1976.

RABUSKE, E. A. Antropologia Filosófica. Petrópolis: Vozes, 2001.

ROGERS, Carl. Tornar-se pessoa. São Paulo: Martins Fontes, 2009.

SCOTT, John. 50 grandes sociólogos contemporâneos. São Paulo: Contexto, 2009.

STAIRS e REYNOLDS. Princípios de sistemas de informação. 9. ed. São Paulo: Thomson, 2006

SZYMANSKI, Heloisa (org.). A entrevista na pesquisa em educação: a prática reflexiva. Brasília: Plano, 2002.

TOFFLER, A. Previsões e premissas. São Paulo: Record, 1983.

TOFFLER, A. terceira onda. São Paulo: Record, 2000.